AF288730

Gewidmet meinem liebsten wertvollsten Freund T.!!!

Brigitte Rohrer

TELLERWEISE.....Kulinarische Erinnerungen!

"Rezepte aus der Österreichischen Küche"

© 2015 Brigitte Rohrer

Verlag: Morawa Lesezirkel GmbH, Wien

ISBN
Paperback: 978-3-99049-407-3
Hardcover: 978-3-99049-408-0
e-Book: 978-3-99049-409-7

Inhaltsverzeichnis

VORSPEISEN

KNUSPRIGER BROTSALAT

250 g Schwarzbrotwürfel oder Weißbrot

2 Knoblauchzehen

8 Esslöffel Olivenöl

400 g Fenchelknolle

1 Bund Radieschen

400 g Paradeiser

4 Esslöffel Apfelessig

1 Teelöffel Kristallzucker

2 Teelöffel Fenchelsamen

3 Esslöffel schwarze Oliven

Salz

Pfeffer

Zubereitung:

Brot in 2 cm. große Würfel schneiden. Knoblauch schälen.
Eine Pfanne erhitzen und die Brotwürfel ohne Fett
rundum anrösten. 4 Esslöffel Öl dazugeben, Knoblauch
dazupressen und weiter rösten, bis die Brorwürfel
goldbraun sind. Heraus nehmen und in eine Schüssel
geben. Fenchel putzen und den Strunk keilförmig
herausschneiden. Fenchelgrün fein hacken und beiseite
legen. Fenchel der Breite nach in sehr feine
Streifen schneiden und die Radieschen …………

………… fein hobeln.

Paradeiser in Spalten schneiden.

Apfelessig, Zucker, Salz, Pfeffer
verrühren und mit dem restlichen Öl verquirlen und
Fenchelsamen einrühren.

Fenchelstreifen, Radieschen, Paradeiser, Oliven
mit dem Brotwürfel und mit der Marinade mischen. Den
Salat mit Fenchelgrün bestreuen und anrichten.

RETTICHSALAT mit WALNÜSSEN

2 weiße Rettiche

8 Stück Radieschen

2 säuerliche Äpfel

1 Esslöffel frischer Zitronensaft

1 Prise Zucker

Pfeffer (weiß)

Salz

4 Esslöffel Sonnenblumenöl

2 Esslöffel gehackte Walnüsse

2 Esslöffel Sauerrahm

1/2 Endiviensalat

Zubereitung:

Die geschälten Rettiche fein reiben. Die Radieschen waschen und fein reiben. Äpfel schälen und auch fein reiben und alles mit der
Marinade von Essig, Öl, Salz, Pfeffer, Zucker, Sauerrahm, Zitronensaft mischen. Den gewaschenen Endiviensalat nudelig schneiden. Alles vor dem Servieren
durchmischen und auf die Teller anrichten. Mit den gehackten Walnüsse bestreuen.

SPARGELSALAT mit Rote PAPRIKA und KRÄUTER-RAHM

500 g weißer Spargel

1-2 Stück roter Paprika

200 g Sauerrahm

etwas Zitronensaft

Prise Zucker

1 Esslöffel gehackte Kräuter (Kresse, Schnittlauch, Petersilie)

Salz

Pfeffer (weiß)

1 Tasse Kräutersalat

Zubereitung:

Den geschälten Spargel bissfest kochen, abkühlen lassen und in 3 cm große Stücke schneiden.

Den roten Paprika klein würfelig schneiden. Für den Kräuterrahm den Sauerrahm mit den Kräutern, Salz, Pfeffer, Zucker, Zitronensaft abrühren und die Spargelstücke und den Paprikawürfeln mischen. Kräutersalat waschen und durch eine leichte Essig- Öl Marinade ziehen. Den Spargelsalat darauf anrichten und mit Schnittlauch bestreuen.

KÜRBISCARPACCIO

1 Kürbis (Butternuss oder Hokkaido)

5 EL Olivenöl

Meersalz

Pfeffer aus der Mühle

50 g Parmesan

50 g Parmaschinken

4-5 EL Zitronensaft

2-3 Zweige Pfefferminze

Zubereitung:

Kürbis schälen und in hauchdünne Scheiben schneiden (am besten mit einer Aufschnittmaschine).

Fächerförmig auf eine Platte legen, mit Olivenöl beträufeln, salzen und pfeffern.

Parmesan grob raspeln, Parmaschinken in kleine Stücke zupfen und beides drüberstreuen.

Mit Zitronensaft beträufeln und mit gehackter Pfefferminze bestreuen

GERÄUCHERTE ENTENBRUST auf RUCOLASALAT

300 g geräucherte Entenbrust

6 Handvoll Rucola (diverse andere Blattsalate
möglich)

1 Apfel

Prise Zucker

Marinade:

2 Esslöffel Apfelessig oder Traubenessig

6 Esslöffel Walnussöl oder Olivenöl

2 Esslöffel Sauerrahm

1 Esslöffel Honig

Salz, Pfeffer

1-2 Esslöffel gehackte Walnüsse

Zubereitung:

Die geräucherte Entenbrust sehr fein in Streifen
aufschneiden.

Den Rucola waschen und auf Teller anrichten. Für die
Marinade alle Zutaten gut vermischen, abschmecken und
den Rucolasalat damit überziehen. Die geräucherte
Entenbruststreifen rundherum auflegen und mit gehackte
Walnüsse bestreuen. Garnieren mit Kirschtomaten und
eventuell mit frisch gehackten Kräuter.

ERDÄPFEL- VOGERLSALAT mit HÜHNERBRUST-STREIFEN

500 g Erdäpfel (festkochend)

Marinade:

1/4 l heiße Rindsuppe

1 kleine Zwiebel

3 Esslöffel Apfelessig

5 Esslöffel Pflanzenöl

Salz

Pfeffer

Prise Zucker

1 Teelöffel Senf (Estragon)

4 Handvoll Vogerlsalat

Kürbiskernöl

2 -4 Stück Hühnerbrust

Brösel

Mehl

4 Eier

Salz

Öl zum Frittieren

Zubereitung:

Die Erdäpfel kochen und noch warm schälen. ....

.... Die Marinade
gut vermischen und die heißen Rindsuppe zufügen. Die
Erdäpfel blättrig schneiden und in die Marinade geben.
Etwa eine Stunde ziehen lassen. Die Hühnerbrust in
Streifen schneiden und salzen. Dann in Mehl, Eier und
Bröseln panieren und goldgelb heraus backen. Gut
abtropfen lassen. Den Vogerlsalat leicht
unter den Erdäpfelsalat mischen und anrichten. Die
gebackenen Hühnerbruststreifen darauf anrichten und mit
Kürbiskernöl beträufeln.

SCHAFKÄSE im SPECKMANTEL auf FELDSALAT

250 g Schafkäse

100g dünne Speckscheiben

6 Handvoll Feldsalat (Vogerlsalat)

1 Esslöffel Olivenöl

Rosmarinzweige

Marinade:

2 Esslöffel Apfelessig

2 Esslöffel kalte Rindsuppe

6 Esslöffel Olivenöl

1 Esslöffel Honig

Salz

Zubereitung:

Den Schafkäse in finderdicke Scheiben schneiden und
dann nochmals durchschneiden, so dass Quadrate in 4cm
entstehen. Mit den dünnen Speckscheiben einwickeln und
beidseitig in einer Pfanne mit wenig Öl anbraten. Die
Rosmarinzweige mit in die Pfanne geben.
Den Feldsalat waschen und kurz durch die Marinade
ziehen. Auf die Teller anrichten und den gebratenen
Schafkäse im Speckmantel (3- 4 Stück) darauf anrichten.

WIENER HERINGSALAT

4 Stück Heringsfilets

2 Stück Äpfel

3 Stück gekochte Erdäpfeln

1 kleine Zwiebel

2 Essigurkerl

1 Esslöffel Apfelessig

1 Esslöffel Öl

1 Teelöffel Senf

Zucker, Salz, Pfeffer

2 Esslöffel Sauerrahm

Zubereitung:

Die Heringsfilets in Streifen schneiden. ÖL, Essig, Zucker, Salz, Senf, Pfeffer und den Sauerrahm gut verrühren. Gurkerl, Zwiebel und Äpfel in feine Streifen schneiden und mit der Marinade mischen. Die gekochten, würfelig geschnittenen Erdäpfelstücke
in die Masse unterheben und mit Sauerrahm verfeinern. Eventuell kann man gekochte Rote Rüben Würfeln hinzu geben.
Beilage: Weißbrot, alle Arten von Gebäck

STEIRISCHE SCHWEINSHAXLSULZ

10 Schweinshaxel (Füße)

5 Lorbeerblätter

2 Teelöffeln schwarze Pfefferkörner

3 Teelöffel Thymian

3 Karotten

2 gelbe Rüben

1/4 Sellerie

1 Lauch

1 Liter Rindsfond

12 Blätter Gelantine

Salz

Zubereitung:

Schweinshaxel mit allen Gewürzen kochen bis sie weich
sind. Noch lauwarm die Schwarten und das Fleisch von
den Knochen ablösen, klein in Würfel schneiden.
Das Gemüse in Salzwasser bissfest kochen und dann in
kleine Würfel schneiden. Gelantinblätter in
kaltem Wasser einweichen, ausdrücken und in den
lauwarmen Rindsfond
auflösen. Die würfelig geschnittenen Schwarten und……

.... das Gemüse in einer kastigen Form abwechselnd schichten und mit dem Rindsfond aufgießen bis alles gut überdeckt ist.

Über Nacht kalt stellen. Die Schweinshaxelsulz kann gestürzt und in 1-2 cm.dicke Scheiben aufgeschnitten und mit der Marinade von Apfelessig, steirischen Kernöl und roten Zwiebel serviert werden. Eventuell mit frischen Pfeffer aus der Mühle darüber geben.

Beilage: Schwarzbrot- Bauernbrot

BLUNZENRÖLLCHEN mit SCHNITTLAUCHRAHM

200 g Mehl

3 Eier

ca. 1/2 Milch

300 g Blutwurst

2 kleine Zwiebeln

2 Knoblauchzehen

Majoran gerebelt

Butter zum Braten

Thymian

Pfeffer

Salz

Frischen Kren

1 Becher Sauerrahm

1/2 Bund frischen Schnittlauch

Zubereitung:

Aus Mehl, Milch, Salz und den Eiern einen glatten Teig rühren und daraus Palatschinken backen. Auskühlen lassen.

Die Blutwurst in Würfeln schneiden und in einer Pfanne mit fein geschnittenen Zwiebel und dem Knoblauch anbraten. Würzen mit Majoran, Thymian, Pfeffer, mit ……

………… Salz Vorsicht, denn die Blutwurst kann schon gesalzen sein.

Die breiige Masse überkühlen lassen, danach auf den Palatschinken ca. 1 cm dick aufstreichen.

Fest einrollen und in Klarsichtfolie wickeln. Einige Stunden kalt stellen.

Die Klarsichtfolie abnehmen, und die Rollen in 3 cm. breite Scheiben schneiden.

In einer Pfanne Butter leicht erhitzen und die Blunzenrollen beidseitig anbraten. Sauerrahm mit Salz und Pfeffer verrühren und frisch geschnittenen Schnittlauch einrühren. Auf die Mitte der Teller Kräutersalat anrichten und die Blunzenröllchen rundherum verteilen. Mit frischem Kren bestreuen und mit Schnittlauchrahm servieren.

Beilage: Krautsalat, Blattsalat

BEEF TATARE

400 g Rindslungenbraten

1 große rote Zwiebel

3 Eidotter

1 Teelöffel Olivenöl

Estragonsenf

Salz, Schwarzer Pfeffer

Rote Chilisauce (Sriracha)

2 kleine Essiggurkerl

Kapern, Sardellen

1 Prise edelsüßer Paprika

Zubereitung:

Das Fleisch muss vollkommen sehnen- und fettfrei sein,
fein hacken und mit den Eidottern, den fein gehackten
Zwiebel, Salz, Pfeffer und Senf vermischen. Danach die
fein geschnittenen Gurkerl, Kapern und Sardellen
untermischen. Je nach Geschmack das Paprikapulver
und die Chilisauce hinzu geben. Garnieren mit
Kirschtomaten, und zusätzlich fein gehackten Gurkerl,
Kapern und Zwiebel.

Beilage: Getoastetes Weißbrot und Butter

PASTINAKENCREMESUPPE

300 g Pastinaken

1 Schalotte

3 Esslöffel Sonnenblumenöl

1 Esslöffel Butter

1/2 l Gemüsefond

1/4 l Schlagobers

Zitronensaft

Salz

Pfeffer

Zubereitung:

Pastinaken schälen und in 1cm dicke Scheiben schneiden und in Öl und Butter, mit der fein geschnittene Schalotte anschwitzen.

Mit Gemüsefond aufgießen, mit Salz, Pfeffer würzen und ca. 25 min köcheln lassen.

Vor Ende der Kochzeit das flüssige Obers hinzu geben und fein pürieren.

Mit einigen Tropfen Zitronensaft abschmecken.

Einlage: Knusprige Speckscheiben

RADIESCHENCREMESUPPE

3 Bund Radieschen

1 kleine rote Zwiebel

1 Stück Jungzwiebel

3 kleine mehlige Erdäpfeln

2 Esslöffel Butter

1 3/4 l Gemüsefond

120 g Obers

Salz

Pfeffer

Zubereitung:

Radieschen gründlich waschen und die grünen Blätter
entfernen, blättrig schneiden. Einige Radieschen
beiseite legen, diese werden später für die Garnitur
dann fein geraspelt. Die Zwiebel fein hacken, die
Jungzwiebel waschen und in
Ringe schneiden. Erdäpfeln schälen und in Würfel
schneiden.
Die Butter in einem Topf erhitzen und die Zwiebeln
darin andünsten.
Jungzwiebel, Kartoffelwürfel und Radieschen dazugeben.
Kurz mitschwitzen und mit Gemüsefond aufgießen. ....

.... 20 Minuten kochen lassen, bis die Kartoffeln zerfallen.

Die Suppe mit dem pürieren und das Obers dazu geben, noch einmal erhitzen und mit Salz und Pfeffer abschmecken.

Die Suppe in Suppenteller anrichten und mit den geraspelten Radieschen bestreuen.

KÜRBISCREMESUPPE

500 g Kürbis (geputzt gewogen; Hokkaido oder
steirischer Kochkürbis)
200 g mehlig kochende Kartoffeln
1 kleine Karotte
1 Stange Lauch
1 kleine Zwiebel
1 Knoblauchzehe
1 großes Stück Ingwer
2 EL Butter
1/2 TL Curry
ca. 1/4 l Gemüsefond
1/4 l Milch
1 TL Zitronensaft
Salz
Pfeffer
1 EL Schnittlauchröllchen

Zubereitung:

Kürbis in grobe Stücke schneiden. Kartoffeln schälen
und würfeln.
Karotte und Lauch putzen und klein schneiden.
Zwiebel und Knoblauch abziehen und hacken. Ingwer ………

………… schälen und fein hacken.

Zwiebel, Knoblauch und Ingwer in heißer Butter anschwitzen. Curry, Karotte und Lauch zufügen und mit braten.

Kartoffeln und Kürbis zugeben und einige Minuten andünsten. 1/4 l Fond und Milch zugießen und alles zugedeckt etwa 20 Minuten kochen. Die Suppe mit dem Mixstab pürieren.

Bei Bedarf mit etwas Brühe verdünnen. Mit Zitronensaft, Salz und Pfeffer abschmecken und mit Schnittlauch bestreut servieren.

SPARGELCREMESUPPE

1/2 kg weißer Spargel

80 g Butter

40 g Mehl

1/8 l Obers

Zitrone

Salz

Kristallzucker

Zubereitung:

Den Spargel schälen, in 2cm lange Stücke schneiden und in 1 Liter Salzwasser kochen, dem noch eine Prise Zucker und wenige Tropfen Zitronensaft beigeben. Die Spargelstücke Bissfest kochen, heraus nehmen und auf die Seite stellen. Aus 4 g Butter und dem Mehl eine helle Einbrenn machen, mit dem Spargelwasser aufgießen und ca. 10 min kochen lassen.

Das Obers dazu geben, pürieren und die Spargelstücke wieder in die Suppe zurückgeben.

Die restliche Butter dazu und die Suppe noch mit Salz abschmecken.

Serviert mit einer aufgeschlagenen Obershaube.

BÄUERLICHE BROTSUPPE

1/4 kg altes Schwarzbrot

1 Zwiebel

80 g Butter

1 L Gemüsefond

1/16 l Schlagobers

3 Eier

Salz, Kümmel

Muskat

Schnittlauch

Zubereitung:

Die fein geschnittene Zwiebel in Butter anschwitzen, dann die würfelig geschnittenen Brotstücke, hinein geben und alles gut durchrösten. Mit dem Gemüsefond aufgießen und gut verkochen lassen, danach passieren. Die Eier werden mit dem Obers versprudelt und langsam in die Suppe eingerührt, die danach nicht mehr kochen darf. Mit Muskat, Salz, Kümmel abschmecken und mit frischen Schnittlauch bestreuen.

Einlage: Klein geschnittene würzige Wurststücke (Debreziner)

KALBSEINMACHSUPPE mit BRÖSELKNÖDERL

160 g Zwiebeln

100 g Sellerie

120 g Butter

25 g Mehl

1/2 l Kalbsfond

1/16 l Weißwein

1/4 l Milch

1/16 l Buttermilch

4 Salbeiblätter

Prise Kümmel gemahlen

Salz

Pfeffer

Bröselknöderl:

1 Esslöffel Butter

Semmelbrösel nach Bedarf

2 Eier

Salz

Muskatnuss gemahlen

Zubereitung:

Die Zwiebel und Sellerie würfelig schneiden und
in der Butter Anschwitzen. Mit Mehl stauben,
mit Weißwein und Kalbsfond aufgießen. ....

…………… 10 min. kochen lassen und die Milch und
Salbeiblätter dazu geben.
10 min kochen und die Buttermilch, sowie Salz und
Pfeffer hinzu geben. Alles gut aufmixen.
Die Butter mit die Eidotter schaumig rühren und das
Eiklar zu Schnee schlagen. Würzen und so viel
Semmelbrösel zu geben das ein
mittelfester Teig entsteht. Kleine Knödel formen und in
Salzwasser
einkochen. Ca. 10 min ziehen lassen. Herausnehmen und
mit der Kalbseinmachsuppe servieren.

ROTE RÜBENSCHAUMSUPPE

2 rote Zwiebeln

500 g Rote Rüben

100 g Kartoffeln

25 g Butter

1 l Gemüsefond oder Wasser

Salz, Pfeffer

100 ml Schlagobers, Frisch geriebenen Kren

Zubereitung:

Zwiebeln kein schneiden. Rote Rüben schälen und grob
würfeln. Erdäpfeln waschen, schälen und würfeln.
Butter in einem Topf erhitzen, Zwiebeln, Rote Rüben und
Erdäpfeln darin bei mittlerer Hitze 5 Min. andünsten.
Gemüsebrühe aufgießen und aufkochen, bei mittlerer
Hitze 40 Min. kochen.
Mit dem Schneidstab fein pürieren und
mit Salz und Pfeffer würzen. Das Schlagobers dazugeben
und erneut aufkochen.
Nochmals gut pürieren, so das es schaumig wird.
Die Suppe in Teller geben und mit einem geschlagenen
Esslöffel Schlagobers und frisch geriebenen
Kren garnieren.

ERDÄPFELSUPPE "Franz Joseph"

8 Esslöffel Butter

6 Esslöffel fein geschnittener Zwiebel

1 1/4 Liter Hühnerfond

1/2 kg klein geschnittene Kartoffeln

2 Tassen süßen Rahm

12 dag geräucherte Selchzunge

30 g fein gehobelten schwarzen Trüffel

2 Esslöffel Mehl

Zubereitung:

Butter zerlassen, Zwiebel darin goldbraun anrösten,
Kartoffeln beigeben und mit der Suppe aufgießen und
Kochen lassen. Salz, Pfeffer und Mehl mit Rahm
verrühren
und unter ständigen rühren einfließen lassen, so dass
eine leichte Bindung entsteht.
Zum Schluss mit der in fein geschnittenen Streifen
Selchzunge und dem Trüffel garnieren.

KARDINALSUPPE mit MADEIRA

1 Kg Paradeiser (Tomaten)

1 1/2 l Rindsuppe

2-3 Esslöffel Maisstärke

etwas Zitronensaft

1/4 l Weißwein

3 Esslöffel Madeira

1/8 l Obers

1 Lorbeerblatt

Thymian

2 Gewürznelken

Salz, Pfeffer

Prise Zucker

Zubereitung:

Die Paradeiser in der Rindsuppe mit Lorbeerblatt,
Thymian, Gewürznelken und Zitronensaft und Weißwein
weich kochen.
Die Suppe passieren und mit der Stärke binden und den
Madeira, Salz, Pfeffer, Zucker würzen. Nochmals
aufkochen und beim Anrichten eine Obershaube darauf
setzen.

ALTWIENER ERDÄPFELSUPPE

6 Erdäpfel

1 Karotte

1/2 Sellerie

1 kleine Zwiebel

80 g Butter

60 g Mehl

2 Teeföffel Majoran

1 Teelöffel Petersilie

1 l Wasser

Salz

Pfeffer

Zubereitung:

Die rohen, in Würfeln geschnittenen Erdäpfel werden zusammen mit dem klein geschnittenen Wurzelwerk in Butter anschwitzen.
Mit dem Wasser aufgießen und Bissfest kochen.
Die Zwiebel separat mit den Gewürzen anschwitzen und mit Mehl stauben, gut durchrösten und damit die Suppe abbinden. Noch 10 min aufkochen lassen.
Mit Salz und Pfeffer würzen und anrichten.

WILDGULASCHSUPPE

2-3 Esslöffel Butterschmalz

300g Hirsch- oder Wildschweinschulter

2 Zwiebeln

1 Karotte

1 Stück Lauch

2 Esslöffel Tomatenmark

1/4 l Rotwein

1/4 l Rindsuppe

1/2 l Wildfond

2 Knoblauchzehen

Salz, Pfeffer

etwas Kümmel

etwas Thymian

2 El. Preiselbeeren

Zubereitung:

Hirschschulter in kleine Würfeln schneiden, in einen
Kochtopf mit Butterschmalz scharf anbraten.
Fein gewürfeltes Gemüse und Zwiebel, Knoblauch mit
rösten und Tomatenmark, Preiselbeeren
dazu geben. Mit Rotwein, Rindsuppe und Wildfond
ablöschen. Gewürze dazu und ca. 1 Stunde ....

.... kochen lassen.

Fleisch heraus nehmen und den Rest fein pürieren, mit
Obers leicht binden. Abschmecken und dann das
Fleisch wieder in die heiße Suppe zurückgeben.

Einlage: In Butter geröstete Weißbrotcroutons
servieren.

EIERSCHWAMMERLCREMESUPPE

250 g Eierschwammerl

1 kleine Zwiebel

100 g Butter

ca. 1/2 l Wasser

4 Stück rohe Erdäpfeln

30 g Mehl

1/2 Becher Sauerrahm

etwas frische Petersilie

Salz

Pfeffer

Zubereitung:

Die Schwammerl werden gut geputzt, größere Stücke zerkleinern. Die Zwiebel fein schneiden und in der Butter anschwitzen,
die Petersilie und die klein würfelig geschnittenen Erdäpfeln dazu geben.
Die Schwammerl nun hinzu geben und mit Wasser auffüllen und kurz kochen lassen. Salzen und Pfeffern.
Sauerrahm mit Mehl verrühren und in die Suppe damit Leicht binden.
Eventuell mit etwas Obers verfeinern. Anrichten und mit frisch gehackter Petersilie bestreuen.

PANNONISCHE KRAUTSUPPE

1/2 kg Sauerkraut

1 kleiner Zwiebel

Salz, Pfeffer

1 Teelöffel Kümmel

4 Wacholderbeeren

1 Lorbeerblatt

ca. 1 1/2 l Wasser

1 Esslöffel Mehl

150 g Sauerrahm

1 Esslöffel Paprikapulver

2 Esslöffel Butter

Zubereitung:

Die geschnittene Zwiebel in Butter anschwitzen,
das etwas zerkleinerte Sauerkraut und alle
Gewürze, sowie Paprika dazu geben. Mit Wasser
aufgießen und weich dünsten lassen. Sauerrahm mit
dem Mehl verrühren und damit die Suppe binden. Mit
Salz und Pfeffer würzen. Will man es etwas schärfer,
dann Chilischoten mit kochen. Die Suppe
in Teller anrichten und mit einen Löffel Rahm
garnieren.

Beilage: Schwarzbrot

STEIRISCHE RAHMSUPPE

1/2 l Wasser

1 Esslöffel Kümmel (ganz)

Salz

Pfeffer (Weiß)

1/2 l Sauerrahm

3 Esslöffel Obers

3 Esslöffel Mehl

Zubereitung:

Gesalzenes Wasser mit Kümmel aufkochen, den Sauerrahm
mit Mehl gut verrühren und zügig in die Suppe
einschlagen.
Einige Minuten kochen lassen und nochmals abschmecken.
Eventuell mit Pfeffer noch würzen. Die Suppe wird mit
Schwarzbrotwürfeln garniert.

PAPRIKASCHAUMSUPPE

4 Stück Paprika (rot oder gelb)
1 Zwiebel
60 g Butter
1/2 l Gemüsefond oder Wasser
1/4 l Obers
Salz
Muskatnuss gerieben
Pfeffer

Zubereitung:

Die Paprika schälen, entkernen und in kleine Würfel schneiden. Butter mit den fein geschnittenen Zwiebel im Topf anrösten und die Paprika beigeben. Mit Fond ablöschen und das Obers dazu geben. Aufkochen lassen und dann fein pürieren.
Mit Salz, Pfeffer und Muskat abschmecken.
Mit dem Pürierstab nochmals gut aufschäumen.
Beim Anrichten ein geschlagenes Obershäubchen darauf setzen.

GEEISTE PARADEISSUPPE

250 g Paradeiser (Tomaten)

Basilikumblätter

2/4 l Tomatensaft

1/4 l Gemüsefond oder Wasser

Salz

160 g Mozzarella

3 Esslöffel Olivenöl

etwas Zitronensaft

Worcestershiresauce

etwas Chili

Zubereitung:

Paradeiser waschen, schälen und entkernen. In kleine
Würfel schneiden und mit Fond, Tomatensaft und Olivenöl
fein pürieren. Mit Salz, Chili, Worcestershiresauce und
Zitronensaft würzen. In Teller oder Suppenschalen
anrichten und mit fein in Streifen geschnittenen
Basilikum und keinen
Mozzarellawürfeln garnieren.

BÄRLAUCHCREMESUPPE

200 g blanchierter Bärlauch

60 g Butter

1 kleine Zwiebel

1/2 l Gemüsefond oder Wasser vom

blanchierten Bärlauch

1/4 l Obers

Salz

Pfeffer

Zubereitung:

Die fein geschnittene Zwiebel in Butter anschwitzen und
den klein geschnittenen Bärlauch dazu gebe. Mit dem
Fond und Obers aufgießen und fein pürieren. Mit Salz
und Pfeffer würzen und anrichten.
Die Suppe kann mit Weißbrotcroutons oder kleinen
Spiegelei (Wachteln) garniert werden.

KLACHLSUPPE mit HEIDENSTERZ

2 vordere Schweinshaxen

Wurzelwerk (Karotten, Sellerie, Lauch)

3 Lorbeerblätter

6 Pfefferkörner

1 Knoblauchzehe

Salz

1 Esslöffel Mehl

Etwas kalte Rindsuppe

Sterz:

3/4 l Wasser

Salz

Schweineschmalz

40 dkg Heidenmehl (Buchweizen)

Zubereitung:

Die Schweinshaxel mit dem Wurzelwerk und den Gewürze weich kochen.

Die Haxeln ablösen und etwas in kleinere Stücke schneiden.

Das Wurzelwerk würfelig schneiden. Alles in die Schweinhaxelsuppe zurückgeben. …………

.... Das Mehl mit etwas Rindsuppe vermischen und in die Suppe einkochen für die Bindung. Mit Salz und Pfeffer abschmecken.
In Teller anrichten und einen großen Löffel vom Heidensterz darauf setzen. Eventuell mit frischem Schnittlauch bestreuen.

Heidensterz:

Salzwasser aufkochen lassen und das ganze Mehl auf einmal hinein schütten. Auf kleinster Flamme 10-12 min ziehen lassen.
Das Schmalz zum Sterz geben und alles mit einer Gabel In kleine Stücke zerreißen. Einige Minuten ziehen lassen.

TAFELSPITZSUPPE mit MILZSCHNITTEN

1 l RINDSUPPE vom gekochten Tafelspitz

100 g Milz (faschiert)

Salz

Pfeffer

30 g Butter

1 Ei

1 kleine Zwiebel

2 Semmel oder Weißbrotscheiben

Muskatnuss (gerieben)

Petersilie

Öl zum Frittieren

Zubereitung:

Die Zwiebel fein hacken und mit der Petersilie in
Butter anschwitzen.

Die Milz fein schaben oder faschieren, mit dem Ei und
der Butter- Zwiebel- Mischung und den Gewürzen
abrühren.

Die Semmeln in 1/2 dicke Scheiben schneiden und die
Milzmasse aufstreichen.

Mit der bestrichen Seite zuerst in heißem Öl
heraus backen, dann wenden und die andere Seite ....

.... auch backen. Die Milzscheiben gut
abtropfen lassen und noch wenn nötig die Scheiben in
kleine Stücke schneiden.
Mit heißer Rindsuppe im Teller übergießen. Mit
geschnittenem Schnittlauch bestreuen.

GRIEßNOCKERLSUPPE

1 l Rindsuppe

60 g Butter

1 Ei

100 g Grieß

Muskatnuss (gerieben)

Salz

Schnittlauch

Zubereitung:

Die Butter schaumig rühren und das Ei dazu geben und
Weiter schlagen.

Grieß und die Gewürze einrühren. Die Masse ca.15 min
ruhen lassen. Mit zwei nassen Teelöffel Nockerl formen
und in Salzwasser einlegen und leicht 5 min kochen
lassen.

Danach noch gute 10 min. zugedeckt ziehen lassen.

Dann in heißer Rindsuppe anrichten und mit Schnittlauch
bestreuen.

KAISERSCHÖBERLSUPPE

1 l Rindsuppe

50 g Mehl

50 g Butter

4 Eier

Salz

Butter und Mehl für die Backform

1 Handvoll Erbsen

80 g Schinken (feine Streifen)

Zubereitung:

Die Butter mit den Dotter schaumig rühren und das Mehl unterheben. Die Eiklar mit Salz zum Schnee schlagen und unter die Buttermasse heben.
Noch die Erbsen und die fein geschnittenen Schinkenstreifen unterrühren. Eine rechteckige Backform Mit Butter ausfetten und mit Mehl bestauben. Die Masse einfüllen und bei 180 Grad ca. 15 min backen. Auskühlen lassen und in kleine Würfel schneiden. Die heiße Rindsuppe in Teller anrichten und die Schöberl hinein geben.

LUNGENSTRUDELSUPPE

1 l Rindsuppe

1/4 kg Kalbsbeuschel

1 Zwiebel

Strudelteig

1 Ei

1 Esslöffel Pflanzenöl

5 Pfefferkörner

2 Lorbeerblätter

Salz

Pfeffer

Majoran

Zubereitung:

Das Beuschel in Salzwasser mit Lorbeerblätter,
Pfefferkörner und einer halber Zwiebel weich kochen.
Auskühlen lassen.
Danach fein hacken. Die Zwiebel fein schneiden und der
Petersilie in Öl anschwitzen. Alles mit der Lungenmasse
(Beuschel) mischen und würzen.
Den Strudelteig dünn ausrollen und die
Lungenmasse aufstreichen. Einrollen, auf einen
Backblech bei 180 Grad backen. ....

.... Den fertigen Strudel in fingerdicke Stücke
schneiden und mit heißer Rindsuppe anrichten.

MARKKNÖDELSUPPE

1 l Rindsuppe

50 g Rindermark (oder selbst Markknochen kochen)

2 Semmeln

3 Eier

2-3 Esslöffel Semmelbrösel

etwas Milch

Salz

Muskatnuss (gerieben)

etwas gehackte Petersilie

Zubereitung:

Das Mark wird zerlassen und mit den Eidotter schaumig gerührt. Die Semmeln entrinden und mit der Milch einweichen, ausdrücken und fein passiert. Die Semmelmasse zum Mark geben und alle Gewürze hinzu geben.
Zuletzt die gehackte Petersilie und die Brösel einrühren. Die Masse ca. 20 min rasten lassen.
Kleine Knödel formen und in kochendes Salzwasser einlegen. Ca. 15 min ziehen lassen. Dann die Knödel in heißer Rindsuppe in Teller anrichten und mit Petersilie bestreuen.

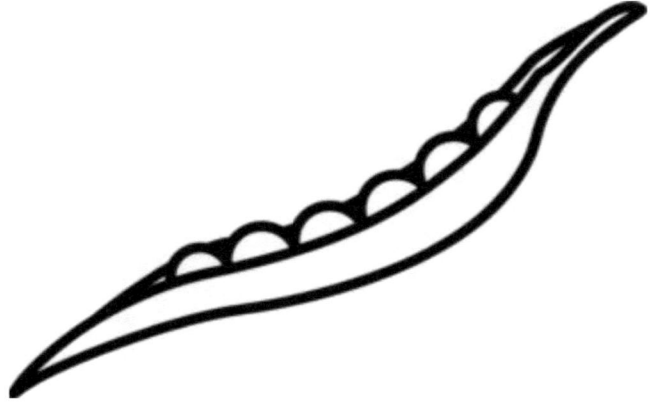

HAUPTSPEISE

DAS KLASSISCHE WIENER SCHNITZEL

4 Stück Kalbschnitzel (a´180g)

Salz

Mehl

Semmelbrösel

2 Eier

Butterschmalz

Zitrone

Zubereitung:

Die Kalbschnitzel klopfen, am Rand mehrmals
einschneiden. Danach nacheinander in Mehl, gesalzenen
versprudelten Eiern und Semmelbröseln wenden,
die Panier
leicht andrücken und die Schnitzel gleich in reichlich
heißem Butterschmalz heraus backen. Auf Küchenpapier
gut abtropfen lassen.
Die Schnitzel mit Zitronenspalten garnieren.

Beilagen: Erdäpfelsalat oder gemischtem Salat, sowie
Petersilieerdäpfel

GEBACKENE FLEDERMAUS

800 g Schweinsfledermaus
(saftiges Fleischteil, liegt am Schlögel)
Salz
Mehl
4 Eier
Brösel
Fett zum Frittieren

Zubereitung:

Die Fledermaus leicht klopfen und salzen. Durch das
Mehl, Eier und Brösel ziehen. Im Fett goldgelb
ausbacken. Gut abtropfen lassen und mit einem Salat
anrichten.

Beilage: Erdäpfel-Blattsalat, gemischter Salat

MARCHFELDER SCHNITZEL

4 Stück Scheinsschnitzel (a´180 g)

8 Stück gekochten weißen Spargel
(Marchfelder Spargel)

8 Blätter Schinken

Mehl

4 Eier

1/16 l Milch

Semmelbrösel, Salz

Fett zum Frittieren

Zubereitung:

Die Schweinsschnitzel dünn klopfen, salzen und mit 2
Blätter Schinken belegen. Die Spargelstangen halbieren
und je Schnitzel 4 halbe Stück Spargel drauf legen.
Einschlagen, sodass gefüllte Taschen entstehen. Die
gefüllten Schnitzel eventuell mit Zahnstocher
auf der offenen Seite schließen. Die Schnitzel durch
Mehl, der Eiermilch und Brösel ziehen. Etwas andrücken
und goldgelb bei mittlere Hitze langsam ausbacken. Gut
abtropfen lassen und anrichten.
Beilage: Grünen Salat, Buttererdäpfel

ALTWIENER ZWIEBELROSTBRATEN

4 Rostbratenscheiben (ca.200g pro Person)

2 Esslöffel Schmalz oder Öl

350 g Zwiebeln

Salz

Pfeffer aus der Mühle

1/8 l Wasser oder Rindsuppe

etwas Mehl zum Binden

einige Butterflocken

reichlich Öl zum Frittieren

Zubereitung:

Die Zwiebel in feine Ringe schneiden. Die
Rostbratenscheiben leicht klopfen und an den Ränder
einschneiden.
Beidseitig salzen, pfeffern, eine Seite in Mehl wenden.
Öl in Pfanne erhitzen und den Rostbraten mit der
Mehlseite nach unten einlegen. Schnell anbraten und
wenden. Dann aus der Pfanne nehmen und warm stellen.
1/3 der Zwiebel in die Pfanne geben und gut braun
rösten. Den anderen Teil der Zwiebelringe in Mehl
wenden und gut durch ein Sieb abschütteln. ....

.... In reichlich Öl goldgelb herausbacken, immer mit ständigen umrühren.
Knusprige Zwiebelringe herausnehmen und auf ein Küchenpapier abtropfen lassen. Den Rostbraten mit den Zwiebelsaft auf die Teller anrichten und die knusprigen Zwiebelringen obenauf anrichten.

Beilage: Braterdäpfel

ESTERHAZY ROSTBRATEN

4 Scheiben Rostbraten

50 g Öl

1/2 Zwiebel

Salz

Pfeffer

1 Karotte

1/4 Sellerie

1 gelbe Rübe

1/8 l Wasser oder Rindsuppe

1/8 l Sauerrahm

1 Esslöffel Mehl

etwas frischer Zitronensaft

Zubereitung:

Rostbratenscheiben leicht klopfen, salzen, pfeffern und
an den Rändern mehrmals einschneiden. Eine Seite in
Mehl tauchen die in einer Pfanne mit Öl rasch
angebraten wird. Wenden und braun braten. Rostbraten
aus der Pfanne nehmen und warm halten.
Das fein in Streifen geschnittenes Wurzelwerk und den
Zwiebel in die gleiche Pfanne geben und weiter ....

.... braten. Leicht noch mit Mehl etwas stauben und mit Rindsuppe aufgießen, kurz aufkochen und den Rostbraten wieder dazu geben. Leicht aufkochen und den Rahm einrühren. Rostbraten auf Teller anrichten und die Wurzelsauce darüber geben und mit einen Tupfer Sauerrahm garnieren.

Beilage: Braterdäpfel, Kroketten, Teigwaren

BEINFLEISCH mit EINBRENNE ERDÄPFELN

2 kg Beinfleisch (mit Knochen)

Wasser

Salz

Wurzelwerk (Karotten, Sellerie, Gelbe Rüben)

2 Lorbeerblätter

5 Pfefferkörner

Einbrennde:

3/4 kg gekochte Erdäpfeln

50 g Mehl

Salz

Pfeffer

50 g Öl oder Schmalz

1/2 l Rindsuppe

etwas Apfelessig

Prise Zucker

Zubereitung:

Das Beinfleisch mit reichlich Wasser, den Gewürzen und
Wurzelwerk weich kochen. Die Zwiebel in Öl anschwitzen
und mit dem Mehl stauben,
mit Rindsuppe aufgießen und aufkochen lassen.
Die gekochten Erdäpfel in Scheiben schneiden ....

.... und zu der Sauce geben.

Salzen, pfeffern, zuckern und mit Essig würzen.

Eventuell kann man kleingehackte Essiggurkerl dazu geben.

Das Beinfleisch anrichten und mit die Einbrennden Erdäpfel anrichten.

TAFELSPITZ mit den KLASSISCHEN SAUCEN und ERDÄPFELSCHMARRN

1,5 kg Tafelspitz

1 Zwiebel

4 l Wasser

200 g Wurzelwerk (Karotten,Sellerie,Gelbe
Rüben,Petersilwurzel)

10 Pfefferkörner

2 Lorbeerblätter

Salz

1/2 Lauchstange

Schnittlauch

Zubereitung:

Die Zwiebel halbieren und in einer Pfanne braun
anbraten.

Wasser mit den Gewürzen und den Zwiebel aufkochen und
das Fleisch hinzu geben. Das Wurzelwerk schälen und in
die Suppe geben.

Fleisch weich kochen, ca. 3 Stunden und bei der Suppe
immer wieder den Schaum abschöpfen.

Das Fleisch aus der Suppe heben und in fingerdicke ………

.... Scheiben schneiden und die Suppe nochmals abschmecken.

Der Tafelspitz wird mit den klassischen Saucen und den Erdäpfelschmarrn angerichtet.

Schnittlauchsauce:

3 entrindete Semmel, Milch nach Bedarf einweichen und von 2 Hartgekochte Eier nur die Dotter verwenden.

Die Semmeln mit die Dotter fein passieren. Diese Masse in eine Schüssel geben und mit 1/8 l Öl tropfenweise einrühren.

Salz, Zucker, Zitronensaft, 1 Esslöffel Sauerrahm untermischen.

2 Esslöffel geschnittener Schnittlauch zum Schluss einrühren.

Apfelkren:

250 g Äpfel schälen, fein reiben und mit 2 Esslöffel Zitronensaft vermischen. 20 g frisch gerieben Kren, 1 Esslöffel Öl und 1 Teelöffel Zucker miteinander mischen.

Erdäpfelschmarrn:

3/4 kg gekochte Erdäpfel

80 g Butter

1 kleine Zwiebel

Salz

SCHWEINSMEDAILLONS im RIESLINGTEIG

600 g Schweinsfilet

3 Eier

1/4 l Wein (Riesling)

etwas Mehl

Salz

Pfeffer

Zitrone

Öl zum Ausbacken

Zubereitung:

Die Eier, Wein und etwas Mehl zu einem glatten Teig verrühren. Das Schweinsfilet in fingerdicke Scheiben schneiden, würzen mit Salz und Pfeffer.
Die Schweinsfiletstücke durch den Weinteig ziehen und im Öl goldgelb backen.
Gut abtropfen lassen und anrichten.

Beilage: Petersilienerdäpfel, gemischter Salat

GESCHNETZELTES vom SCHWEINSFILET mit STEINPILZEN

700 g Schweinsfilet (zugeputzt)

120 g Steinpilze oder andere Pilze

Salz

Mehl zum Stauben

4 Esslöffel Butterschmalz

40 g Butter

1 kleine Zwiebel

1/8 l Kalbsfond oder Rindsuppe

1/8 l Obers

1 Esslöffel gehackte frische Petersilie

etwas Zitronensaft

Zubereitung:

Das Filet in 3 mm blättrig Scheiben schneiden, würzen und leicht mit Mehl bestäuben.

Fleisch rasch in einer Pfanne mit Butterschmalz anrösten. Fleisch aus der Pfanne nehmen und in den Bratenrückstand die Butter und die fein geschnittene Zwiebel anrösten und die geschnittenen Pilze dazu geben, mitrösten.

Mit Fond aufgießen aufkochen und mit Obers ....

.... vollenden.

Mit Zitronensaft abschmecken und das Fleisch wieder in die Sauce geben.

Kurz erwärmen und anrichten. Mit Petersilie bestreuen.

Beilage: Butternockerl, Kräuterreis, Teigwaren, Rösterdäpfel

RINDERFILET vom HOCHLANDRIND mit SPARGEL

1 kg Rinderfilet

Salz

Pfeffer aus der Mühle

Sonnenblumenöl

1 Knoblauchzehe

1/2 Zwiebel

1 Teelöffel Johannisbeermarmelade

2 Thymianzweige

2 Rosmarinzweige

3 cl Portwein

1/16 l Rotwein

1 Teelöffel Maisstärke

ca. 20 Stangen gekochten Spargel

Butter

Zubereitung:

Die Rinderfilet in 4 Stücke schneiden, mit Pfeffer und Salz würzen, in einer heißen Pfanne mit Öl auf beiden Seiten scharf anbraten.

Dann für 10 min. bei 160 Grad ins Backrohr schieben.

In der Pfanne mit dem Bratrückstand die geschnittene Zwiebel, Knoblauch anrösten, mit Portwein ....

.... ablöschen und mit dem Rotwein aufgießen. Die Kräuter und die Johannisbeermarmelade
dazu geben und ein reduzieren.
Maistärke mit wenig Wasser verrühren und die Rotweinsauce damit binden. Danach passieren.
Den gekochten Spargel in etwas Butter erwärmen, salzen und mit dem Rinderfilet auf Teller anrichten. Die Rotweinsauce leicht über das Rinderfilet geben.

GEFÜLLTES KALBSKOTLETT mit SCHAFKÄSE

4 Kalbskotletts mit Knochen

60 g Schafkäse

Salz

Pfeffer

Gehackter Thymian

Gehackter Rosmarin

1 Knoblauchzehe

Öl zum Braten

1/8 l Weißwein

1 Teelöffel Stärkemehl

etwas Butter

Zubereitung:

In die Kalbskoletts Taschen einschneiden, salzen,
pfeffern und mit Schafkäse füllen. Die Koletts in Öl
mit Rosmarin und Thymian Knoblauchzehe anbraten. Die
Koletts heraus nehmen und im
Backrohr bei 180 Grad für ca. 8 min fertig braten.
Den Bratenrückstand mit Weißwein ablöschen und mit
Butterflocken oder Stärkemehl binden. Etwas einkochen
lassen und würzen.
Die Kotletts anrichten und mit dem Saft
übergießen. ....

.... Beilage: Erdäpfelschmarrn, Buttererdäpfeln, frisches Gemüse

KAISERSCHNITZEL in RAHMSAUCE

8 kleine Kalbschnitzel

1/2 Bund Petersilie

1 Esslöffel Kapern

2 Esslöffel Öl

1/2 Becher Schlagobers

1/2 Becher Sauerrahm

1/8 l Kalbsfond

1/2 Schale von Biozitrone

Salz, Pfeffer

Zubereitung:

Kapern abspülen, Petersilie waschen, Blätter abzupfen und mit den Kapern fein hacken. Kalbschnitzel salzen, leicht in Mehl wenden und in der Pfanne mit Öl beide Seiten anbraten.

Mit Kalbsfond ablöschen, würzen, dann Schlagobers und Sauerrahm dazu geben und gut aufkochen.

Kapern, Petersilie und Zitronenzeste in den Saft einrühren.

Beilagen: Erbsenreis oder Kräuterreis

WÜRZIGES REISFLEISCH

1/2 kg Schweinsschulter

50 g Öl oder Schmalz

250 g Reis

1 Zwiebel

1 Teelöffel Paprikapulver (edelsüß)

1 Teelöffel Paprikapulver (Scharf)

1/2 l Wasser oder Fond

Salz

Pfeffer

Zubereitung:

Den fein geschnittenen Zwiebel in einem Topf mit dem Öl anschwitzen. Das Fleisch in ca. 3 cm große Würfel schneiden und mit dem Zwiebel mitrösten. Paprikapulver und den Reis dazu geben und mit dem Wasser oder Fond aufgießen. Zugedeckt auf kleiner Flamme weich dünsten. Anrichten und eventuell mit gerieben Hartkäse bestreuen.

Beilage: Grünen Salat, gemischter Salat

STEIRISCHES KRENFLEISCH

1 kg Schweinefleisch (Bauch oder Schopf)

2 Karotten

1/2 Sellerie

1 Gelbe Rübe

1 Petersiliewurzel

Salz

5 Pfefferkörner

3 Lorbeerblätter

1 Teelöffel Thymian

1-2 Esslöffel Apfelessig

1/2 Stange Kren

Zubereitung:

Fleisch in 4 cm große Würfeln schneiden und in Essig-Salz-Wasser mit den Gewürzen weich kochen. 20 min vor Ende der Garzeit, das fein streifig geschnittene Wurzelwerk dazu geben.
Das fertige Fleisch in tiefe Teller mit dem Wurzelsud anrichten und mit dem frisch geriebenen Kren bestreuen.

Beilage: Salzerdäpfel, Schwarzbrot

WÜRZIGES KRAUTFLEISCH

600 g Scheinsschulter (auch Bauchfleisch möglich)

80 g Schmalz oder Öl

2 kleine Zwiebeln

2 Knoblauchzehen

1 Prise Zucker

Salz, Pfeffer

Kümmel (ganz)

2 Esslöffel Paprikapulver

1/2 kg Sauerkraut

Wasser

Sauerrahm

Zubereitung:

Die geschnittene Zwiebel und den Knoblauch in Schmalz Anrösten und den Paprika dazu geben. Das würfelig geschnittene Fleisch mit den Gewürzen mit rösten. Mit Wasser auffüllen und halb weich dünsten lassen. Jetzt das Sauerkraut dazu geben und
weiter weich dünsten. Beim Anrichten in Teller, einen Löffel Sauerrahm darauf setzen.

Beilage: Salzerdäpfel, Semmelknödel

GEFÜLLTE PAPRIKA

8 Stück Paprika

150 g Reis

400 g Faschiertes (halb Schein, halb Rind)

1 Zwiebel

30 g Butter oder Öl

1 Knoblauchzehe

1 Ei

Salz

Pfeffer

Paradeissauce:

1 kg Paradeiser

40 g Butter

40 g Mehl

Salz

Zucker

3 Esslöffel Obers

2 Esslöffel Tomatenmark

Zubereitung:

Die geschnittene Zwiebel und Knoblauch in Butter
Anschwitzen.
Reis in reichlich Salzwasser kochen. Zwiebel,...........

.... Reis, Ei unter dem Faschierten mischen.
Mit Salz und Pfeffer würzen.
Die Paprika entstielen (Kappen abschneiden) und
entkernen. Die Paprika mit der Fleischmasse füllen und
die Kappen wieder drauf setzen.
Die Paprika in eine gebutterte Bratenpfanne
nebeneinander setzen. Ca. 1 Stunde braten.
Die Paradeiser passieren. Mit der Butter und Mehl eine
leichte Einbrenn machen und die passierten Paradeiser,
Salz, Zucker, Tomatenmark hinzu geben.
Aufkochen lassen und mit dem Obers verfeinern.
Die Paprika 15 min vor Ende der Garzeit, mit der
Paradeissauce übergießen und fertig braten.

Beilage: Salzerdäpfel

ALTWIENER RINDSGULASCH

1 kg Wadschinken (Rindswade)

800 g Zwiebel

3 Knoblauchzehen

6 Esslöffel Schmalz oder Öl

3 Esslöffel Paprikapulver edelsüß

1 Esslöffel Apfelessig

ca. 1 Liter Wasser

2 Esslöffel Tomatenmark

Salz

1 Esslöffel Kümmel gemahlen

1 Esslöffel Majoran gerebelt

1-2 Esslöffel Mehl zu Binden

Zubereitung:

Fleisch in 4-5 cm. große Würfelschneiden. Zwiebel und
Knoblauch schälen und fein hacken. Fett erhitzen und
unter ständigen rühren mit Zwiebel und Knoblauch braun
rösten. Tomatenmark und Paprikapulver
einrühren und sofort mit Essig und Wasser ablöschen.
Ca. 20 Minuten dünsten lassen. Dann das Ganze mixen und
das Fleischwürfeln dazugeben und mäßig salzen. Mit
Kümmel und Majoran würzen. ....

.... Zugedeckt am Herd ca. 2 Stunden dünsten, bei Bedarf immer etwas Wasser zugießen, öfters umrühren.
Mehl und wenig Wasser verrühren und in das Gulasch einrühren, je nach Bindung.
Noch 5 min nachdünsten.
Wer es schärfer mag, kann Chilischoten mitkochen.

Beilage: Semmelknödel, Frisches Gebäck

ERDÄPFELGULASCH mit SPECK

1 kg Erdäpfeln (festkochend)

1/4 kg Zwiebeln

50 g Schmalz oder Öl

Majoran

Salz

Pfeffer

80 g Speckwürfeln

2 Esslöffel Paprikapulver

1 Teelöffel Apfelessig

1/8 l Sauerrahm

Zubereitung:

Die geschnittene Zwiebel mit den Speckwürfeln in
Schmalz anrösten. Die geschälten, in größere Würfeln
geschnittene Erdäpfel und das Paprikapulver dazu geben.
Mit Wasser aufgießen, so dass die Erdäpfeln bedeckt
sind. Mit Salz, Pfeffer, Essig würzen und weich kochen.
Zuletzt den Rahm einrühren und anrichten. Eventuell
kann man noch Wurststücke dazu geben.

KALBSRAHMGULASCH

1 Kg Kalbfleisch (Schulter)

300 g Zwiebel

5o g Sonnenblumenöl

2 Teelöffel Paprikapulver (edelsüß)

Salz, Pfeffer (weiß)

1 Teelöffel Zitronenzeste

1/4 Rahm oder Schlagobers

etwas Wasser oder Kalbsfond

etwas Mehl

Zubereitung:

Die Zwiebeln fein schneiden und in Öl anrösten, das
würfelig geschnittene Kalbfleisch mit anbraten.
Paprikapulver dazu geben, salzen, pfeffern und mit
Wasser bedeckt aufgießen. Ca. 3/4 Stunde
weich dünsten lassen und mit wenig Mehl stauben und mit
Rahm oder Obers vollenden. Zitronenzeste dazu geben.
Kurz aufkochen und
anrichten.

Beilage: Butternockerl, Teigwaren

GEDÜNSTETE KALBSRAHMVÖGERL

1,2 kg Kalbsstelze (ausgelöst)

Salz

Pfeffer

Mehl zum Wenden

1/16 l Weißwein

5 Esslöffel Öl

3/4 l Rindsuppe oder Kalbsfond

1/16 l Obers

3 Teelöffel Speisestärke

30 g Butter

Zubereitung:

Das Fleisch zuputzen, Deckhäute nicht abziehen und
entlang der Muskelstränge längliche Teile trennen.
Fleisch mit Salz und Pfeffer würzen, in Mehl wenden.
Öl in Topf erhitzen und die Fleischstücke rundum
braun anbraten. Dann mit Weißwein ablöschen
und mit Suppe oder Fond aufgießen. zugedeckt im
Vorgeheizten Backrohr bei 180 grad ca. 1 1/2 Stunden
dünsten. Dann Fleisch
aus dem Topf nehmen und Warmstellen. Speisestärke mit
etwas Wasser verrühren und im kochenden Saft ....

.... einrühren.

Aufkochen und die Butterstücke dazu geben
und mit Obers vollenden. Abschmecken und die
Fleischstücke wieder dazugeben, einmal aufkochen.
Zum Schluss die Kalbsvögerl in Scheiben aufschneiden
und mit dem Saft anrichten.

Beilage: Erbsenreis, Butterreis, Erdäpfelpüree,
Selleriepüree

JUNGSCHWEINSBRATEN im BIERSAFT´L

1 kg Schweineschulter (in einem Stück)

Salz

Pfeffer

frische Thymianzweige

2 EL Sonnenblumenöl

etwa 1/2 Liter Bier oder auch dunkles Bier

etwa 1/2 Liter Wasser

6 Gewürznelken

Zubereitung

Den Backofen auf 180 Grad vorheizen. Das Fleisch mit
Salz, Pfeffer und Thymian einreiben.
In einem Bratenpfanne auf dem Herd das Fleisch
im heißen Öl von allen Seiten anbraten. Mit etwa der
Hälfte des Biers und der Hälfte des Wassers aufgießen,
die Nelken dazugeben.
Den Schweinebraten im heißen Ofen etwa 1 1/2 Stunden
braten. Ab und zu mit der restlichen Flüssigkeit
aufgießen.
Das Fleisch herausnehmen und zugedeckt warm stellen.
Dem Bratensatz eventuell mit noch etwas Bier aufgießen
und die Sauce durch ein Sieb gießen und ....

.... und noch einmal erwärmen. Mit Salz,
Pfeffer abschmecken. In fingerdicke Scheiben
aufschneiden und mit dem Biersaft´l anrichten.

Beilage: Semmelknödel, Erdäpfelknödel, Blattsalat

KNUSPRIGER KÜMMELBRATEN

1-2 kg Bauchfleisch vom Schwein

1 Esslöffel Kümmel (ganz)

Salz

3 Knoblauchzehen

Butter oder Öl

etwas Wasser

Zubereitung:

Das Bauchfleisch schröpfen, die Schwarte mit einem
Scharfen Messer fingerbreiten Abständen tief
einschneiden.

Alle Gewürze mit Öl oder Butter mischen und das Fleisch
gut damit einreiben.

In einer Bratenpfanne bei 200 Grad braten und immer
wieder mit dem eigenen Bratensaft oder Wasser
übergießen.

Der fertige Braten muss braun und knusprig sein.

Den Braten dann in Scheiben aufschneiden und mit dem
Bratensaft anrichten.

Beilage: Semmelknödel, Erdäpfelknödel, Salzerdäpfeln,
Krautsalat

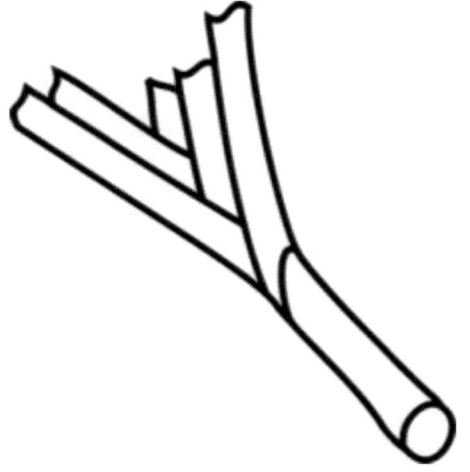

FASCHIERTE LAIBCHEN mit ERDÄPFELPÜREE

700 g Faschiertes (halb Rind, halb Schwein)

1-2 Semmeln

3 Eier

1 große Zwiebel

2 Zehen Knoblauchzehen

2 Teelöffel Senf (Estragon)

50 g Butter

6o g Öl

Salz

Pfeffer

Majoran

1 Teelöffel gehackte Petersilie

Zubereitung:

Das Faschierte mit den eingeweichten, fein zerdrückten
Semmeln, den Eiern und den Gewürzen gut abmischen.
Feingeschnittener Zwiebel, zerdrückten Knoblauchzehen
in Butter anschwitzen lassen und unter die Fleischmasse
mischen. Wenn die Masse zu weich ist,
ein wenig Semmelbrösel zu geben. Dann ca. 2 cm hohe
Laibchen formen.
In einer Pfanne das Öl erhitzen und die Laibchen ....

.... langsam, beidseitig braten, bis sie eine schöne Farbe haben.

Die Fleischlaibchen mit dem Erdäpfelpüree (Rezept wie folgt bei den "Beilagen" nachlesen) anrichten und auf das Püree, knusprige Röstzwiebelringe geben.

Beilage: Blattsalat, Rahmgurkensalat

JÄGERFLEISCH mit RAHM

5 Stücke Rindfleisch (Zapfen)

50 g Selchspeck

Salz

Pfeffer

2 Zwiebeln

50 g Schmalz oder Öl

1 Esslöffel Mehl

2 gehackte Essiggurkerl

etwas Wasser

150 g Schwammerln oder Champignons

1 Teelöffel gehackte Kapern

1/8 l Sauerrahm

Zubereitung:

Das Fleisch würfelig oder in Streifen schneiden. Die fein geschnittenen Zwiebel und den Speck im Topf anrösten.

Dann das Fleisch im Topf kräftig braun rösten und die würzen.

Die Schwammerl dazu geben und weiter rösten. Mit etwas Wasser ablöschen und die Kapern und Gurkerl hinzufügen. Kochen bis das Fleisch weich ist ....

.... und mit Mehl- Rahmmischung binden.
Abschmecken und servieren.

Beilage: Erdäpfelschmarrn, Nockerl, Teigwaren

MAJORANFLEISCH mit ERDÄPFELKNÖDEL

500 g Rindfleisch (Schulter, Zapfen)

2 Kleine Zwiebel

50 g Butter oder Öl

1 Teelöffel Essig

1 Esslöffel Majoran

1 Esslöffel Mehl

1/8 l Sauerrahm

Salz

Pfeffer

Erdäpfelknödel:

500 g Gekochte Erdäpfeln

50 g Butter

Salz

1 Ei

50 g Grieß

Mehl nach Bedarf

Zubereitung:

Die Zwiebeln in Öl anrösten und das kleinwürfelig
geschnittene Fleisch dazu geben und weiter braun
rösten.
Mit dem Essig ablöschen und alle Gewürze beigeben.
Alles bei mittlere Hitze ca. 1 1/2 Stunden dünsten ....

.... dünsten, dabei immer etwas mit Wasser aufgießen.
Am Ende der Garzeit mit Mehl stauben
und nochmals mit Wasser aufgießen und Rahm einrühren.
Aufkochen lassen.
Die gekochten geschälten Erdäpfel durch die
Erdäpfelpresse drücken, salzen und mit dem Ei
vermischen. Mehl, Grieß und die Butter einarbeiten. Den
Teig ca. 10 min rasten.
Aus der Masse etwas größere Knödel formen und in
kochendes Salzwasser einkochen. 15 min. ziehen lassen.
Die Erdäpfelknödel mit dem Majoranfleisch anrichten.

GRAMMELKNÖDEL mit SAUERKRAUT

1 kg gekochte Erdäpfeln

250 g Mehl

40 g Grieß

1 Knoblauchzehe

1 Ei

30 g Butter

Salz

250 g Grammeln von Schwein

Sauerkraut:

750 g Sauerkraut

60 g Speckwürfel

2 rohe Erdäpfel

Salz

Prise Zucker

2 Lorbeerblätter

4 Pfefferkörner

2 Wacholderbeeren

etwas Kümmel (ganz)

Zubereitung:

Die Grammeln hacken und mit Salz, Pfeffer und Knoblauch
würzen. Die gekochten geschälten Erdäpfel ....

.... durch eine Erdäpfelpresse drücken.

Die Erdäpfelmasse mit Ei, Mehl, Grieß und erwärmter Butter zu einem Teig verarbeiten. Zu einer Rolle formen und in soviel Teile teilen, wie man Knödel möchte.

Teigstücke etwas flachdrücken und einen Löffel Grammel darauf geben.

Jetzt zu Knödel formen und in kochendes Salzwasser einlegen.

Ca. 10 min langsam kochen und gut abtropfen lassen.

Die geschnittene Zwiebel und Speckwürfel in Schmalz anrösten.

Das Sauerkraut mit den Gewürzen dazu geben und mit wenig Wasser weich dünsten.

Zur Bindung vor Ende der Garzeit, die rohen Erdäpfel dazu reißen.

Fertig dünsten und mit den Grammelknödel anrichten.

Man kann noch etwas Bratensaft über die Knödel gießen.

GRENADIERMARSCH

Gekochte Erdäpfel

Gekochte Teigwaren

Semmelknödeln

Nockerl

Gekochte Fleischreste

1 Zwiebel

1 Knoblauchzehe

60 g Butter oder Öl

Salz

Pfeffer

Petersilie

Zubereitung:

Der Grenadiermarsch ist eine ideale Resteverwertung,
die sehr geschmackvoll ist. Die geschnittene Zwiebel
mit dem Knoblauch in Butter anschwitzen,
die Fleischreste mit rösten. Alle Teigwaren, Erdäpfeln
und geschnittener Semmelknödel dazu geben und gut durch
rösten. Würzen
und mit frisch gehackter Petersilie bestreuen.

Beilage: Grüner Salat, Krautsalat, gemischter Salat

HOLZHACKERNOCKERL

250 g Mehl (halb griffig, halb glatt)
1/4 l Milch
2 Eier
3 Esslöffel Öl
1 Teelöffel Salz, Pfeffer
60 g Speck
1 Zwiebel
1/2 grüner Paprika
1/2 roter Paprika

Zubereitung:

Die Eier mit der Milch versprudeln und mit dem Mehl mischen. Öl und Salz zu dem Teig geben. In kochendes Salzwasser durch eine Nockerlreibe einkochen. Kalt schwemmen. Die Zwiebel und den Speck klein schneiden und in der Pfanne mit Butter anrösten. Die in Streifen geschnittenen Paprika dazu geben, nochmals durchrösten. Mit Salz und Pfeffer würzen, mit einem versprudelten Ei übergießen und kurz anziehen lassen. Nochmals durch rösten und anrichten.

Beilage: grüner Salat, Chinakohlsalat

TIROLER KNÖDEL auf SPECKKRAUTSALAT

8 altbackene Semmeln

60 g Butter

3 Eier

1/4 l Milch

Salz

1 Zwiebel

gehackte Petersilie

6 Esslöffel Mehl

150 g gekochtes Selchfleisch

Krautsalat:

1 kleinen Weißkrautkopf

2 Esslöffel Apfelessig

1 Teelöffel Salz

Prise Zucker

1 Teelöffel Kümmel (ganz)

5 Esslöffel Sonnenblumenöl

1/4 l Wasser

150 g Speckwürfel

Zubereitung:

Die Semmeln würfelig schneiden, die Eier mit Salz,
Petersilie und Milch versprudeln. Zwiebel
mit Butter anschwitzen und mit klein geschnittenen ....

.... Selchfleisch gemeinsam mit den Semmeln vermischen.

1 Stunde rasten lassen und das Mehl untermischen.

Große Knödel formen und in kochendem Salzwasser geben, ca. 20 min kochen. Abtropfen lassen.

Den Krautkopf vom Strunk befreien und fein nudelig schneiden.

Alle Gewürze mit Essig im Wasser kurz aufkochen und über das Kraut leeren. 1 -2 Stunden ziehen lassen.

Speckwürfel im Öl anrösten und unter den Salat mischen. Auf Teller anrichten und die Tiroler Knödel drauf setzen.

Mit gehackter Petersilie bestreuen.

GEDÜNSTETE RINDSROULADE

Für die Rouladen:

4 Rindsrouladen (à 150-200 g)

2 Zwiebeln

3 Karotten

1 Bund Petersilie

1 Stange Staudensellerie

160 g gekochter Schinken

2 EL scharfer Senf

Salz, Pfeffer

Butterschmalz zum Braten

1/4 l Rotwein

ca. 1/4 l Gemüsefond

1 Teelöffel getrockneter Thymian

2 Lorbeerblätter

150 Obers

Für das Erdäpfelpüree:

600 g mehlig kochende Erdäpfel

150 g Butter

Salz, Muskatnuss gerieben

knapp 1/4 l Milch

Zubereitung:

Die Rouladen abspülen, trocken tupfen und mit ....

.... einem Plattiereisen oder mit dem Handballen etwas flach klopfen. Die Zwiebeln abziehen und sehr fein hacken. Karotten, Petersilie und Sellerie waschen, putzen und sehr klein schneiden. Schinken fein wiegen. Die vorbereiteten Zutaten für die Füllung vermischen.

Die Rouladen ausbreiten. Dünn mit Senf bestreichen, kräftig salzen und pfeffern. Jeweils 2 bis 3 EL der Füllung auf jede Roulade verteilen. Dabei die Ränder freilassen. Die Rouladen aufrollen und seitlich und am Ende mit Zahnstochern verschließen. In einem weiten Schmortopf einige Esslöffel Butterschmalz erhitzen. Die Rouladen darin rundherum braun anbraten. Mit Rotwein und Brühe ablöschen. Thymian und Lorbeerblatt zugeben.

Die Rouladen zugedeckt etwa 45 bis 60 Minuten schmoren. Bei Bedarf etwas Fond zugeben. In der Zwischenzeit die Erdäpfeln schälen und in Spalten schälen. In wenig Salzwasser weich kochen.

Die Milch erhitzen. Die gekochten Erdäpfel abgießen, kurz offen abdampfen lassen. Mit einem Erdäpfelstampfer zerstampfen oder durch die Erdäpfelpresse drücken. Die heiße Milch nach und nach mit dem Schneebesen in die Erdäpfelmasse einarbeiten, bis die gewünschte Konsistenz erreicht ist. Erdäpfelpüree mit Salz und Muskatnuss abschmecken und warm halten. Die fertigen Rouladen aus dem Topf nehmen und warm stellen. Die Sauce mit Obers verfeinern, einige Minuten einkochen lassen.

Mit Salz und Pfeffer abschmecken und zu den Rouladen servieren. Erdäpfelpüree dazu reichen.

GEFÜLLTE KALBSBRUST mit SEMMEL - STEIN-PILZFÜLLE

1 mittlere Kalbsbrust

6 altbackene Semmeln

700 g frische Steinpilze

500 g Schalotten

1/8 l Milch

2 EL Petersilie

5 Eier

Wasser zum Aufgießen

Salz

Pfeffer

Majoran

Weißwein

Butterschmalz oder Sonnenblumenkernöl

Zubereitung:

Semmeln entrinden, in Milch und versprudelte Eier
einweichen, zur Seite stellen. Steinpilze putzen, in
Stücke schneiden, in sehr heißem Fett anbraten.
Schalotten fein hacken und extra anbraten, grob
gehackte Petersilie dazu geben,
alles in einem Sieb abtropfen lassen und mit
Semmelbrei mischen. Salzen, pfeffern, ...

.... mit wenig Majoran würzen.

Eine mittlere Kalbsbrust Untergreifen, sprich, zwischen Knochen und Oberdeckel mit dem Messer eine Tasche schneiden.

Die Füllung in die Kalbsbrust gleichmäßig verteilen, beide offenen Seiten zunähen oder mit einem Spagat zusammen zusammenbinden.

Von außen pfeffern und salzen und in heißem Fett anbraten.

Mit Weißwein ablöschen, die Butterflocken darauf geben und ca. 2 Stunden bei 180° C im Backrohr braten. Von Zeit zu Zeit mit Butter neu einpinseln und immer etwas Flüssigkeit (Wasser) aufgießen.

Die knusprig gebratene Kalbsbrust wird in Tranchen, fingerdicke Scheiben aufgeschnitten und mit dem Bratensaft anrichten.

Beilage: Blattsalate, Gemischten Salat

GESCHMORTE KALBSBACKERL mit SELLERIEPÜREE

4 parierte Kalbsbacken (à 200 g)

3 Karotten

1/2 Sellerie

2 große Zwiebeln

1 Esslöffel Tomatenmark

150 ml Rotwein

220 ml Kalbs- oder Geflügelfond

60 ml Portwein

Olivenöl

Salz, Pfeffer

2 Nelken

3 Lorbeerblätter

6 Pfefferkörner

1 Thymianzweige

 2 Rosmarinzweige

1 Knoblauchzehe

20 ml Apfelessig

40 g Speisestärke

Selleriepüree:

250 g Sellerie

200 g Kartoffeln

60 g Butter

ca. 1/4 l Milch
geriebene Muskatnuss
Salz
Pfeffer

Zubereitung:

Sellerie und Erdäpfeln schälen, grob würfeln und in
wenig Salzwasser weich kochen.
Erdäpfeln und Sellerie abseihen und stampfen. Die
Butter, Milch und Muskat zugeben und unterrühren. Mit
Salz und Pfeffer
abschmecken und warm stellen. Kalbsbäckchen waschen,
trocken tupfen,
mit Salz und Pfeffer würzen und in einem Topf mit wenig
Olivenöl von allen Seiten scharf anbraten.
Herausnehmen und in diesen Topf die klein geschnittenen
Karotten, Sellerie, Zwiebeln und Knoblauch goldgelb
anrösten.
Das Tomatenmark zugeben und mitrösten, Kalbsbäckchen
dazu und auch anrösten.
Mit Portwein und Rotwein ablöschen, reduzieren lassen.
Mit dem Fond aufgießen.
Alle Gewürze und Kräuter dazu fügen.
Topf zudecken und im Vorgeheizten Backofen bei 190°
ca.2 Stunden schmoren lassen. ....

.... Das Fleisch ist fertig, wenn man mit einem Zahnstocher ohne Widerstand ins Fleisch stechen kann.

Kalbsbäckchen herausnehmen und warm stellen, die Sauce durch ein Sieb passieren und im Topf aufkochen.

Mit Apfelessig, Salz und Pfeffer abschmecken und mit leicht Speisestärke binden.

Kalbsbackerl wieder in die Sauce zurückgeben und einmal aufkochen.

Auf die Teller die Stücke von Kalbsbackerl mit dem Selleriepüree anrichten.

Beilage: Kohlröschen, kleine Stücke Broccoli

GEBACKENER KALBSKOPF

1 Kalbskopf

10 Pfefferkörner

3 Lorbeerblätter

2 Karotten

1/2 Sellerie

2 Petersiienwurzel

Salz, Pfeffer

Fett zum Frittieren

Panier:

Mehl

4 Eier

Bröseln

Zubereitung:

Den gereinigten Kalbskopf in Salzwasser mit den Gewürzen und Wurzelwerk weich kochen. Den Kalbskopf ablösen und in eine Form (am besten eine eckige Form) pressen und über Nacht auskühlen lassen. Den fest gewordenen Kalbskopf in Fingerdicke Scheiben schneiden, mit Salz, Pfeffer würzen. Die Stücke werden in Mehl, Eier und Bröseln paniert und goldgelb gebacken. Gut abtropfen lassen und anrichten.

Beilage: Erdäpfelsalat, Mayonnaisesalat

GEDÜNSTETER OCHSENSCHLEPP

2 kg Ochsenschlepp (vom Fleischer in Stücke teilen lassen)

80 g Maiskeimöl

10 dag Wurzelgemüse (Karotten-, Sellerie-, gelbe Rübenwürfel)

80 g Tomatenmark

5 dag Mehl

1/4 l guten Rotwein

Schale und Saft von einer Bio Zitrone

30 g Preiselbeeren

Salz, Pfeffer

3 Lorbeerblätter

Thymian

3 Knoblauchzehen

Zubereitung:

Die Ochsenschleppstücke scharf in ÖL anbraten, dann das in Würfel geschnittene Wurzelgemüse mit rösten, mit Mehl bestreuen und mit dem Tomatenmark gut durchrösten.
Preiselbeeren und alle Gewürze dazu geben mit Rotwein und Wasser ablöschen und zugedeckt dünsten lassen bis das Fleisch weich ist. ....

.... Dann das Fleisch heraus nehmen und die Sauce passieren,

danach die Fleischstücke wieder zurückgeben und nochmals kurz aufkochen lassen und abschmecken.

Beilage: Semmel-, Serviettenknödel oder Kartoffelnkroketten

GESPICKTE LAMMKEULE

2 kg Lammkeule (vom Fleischer auslösen und binden lassen)

6-8 Knoblauchzehen

1 Bund Rosmarin

3 große Karotten

1/2 Sellerie

6 EL Olivenöl

Salz

Pfeffer aus der Mühle

1/2 Gemüsefond

Zubereitung:

Die Lammkeule waschen und trocken tupfen.
Knoblauchzehen schälen und halbieren. Die
Rosmarinzweige in kleinere Stücke schneiden.
Die Karotten und den Sellerie schälen, der Länge nach
in 0,5 cm. Stifte schneiden. Den Backofen auf 190 Grad
vorheizen.
Mit einem spitzen Messer Einschnitte in das Lammfleisch
machen und abwechselnd die Karotten,- Selleriestreifen
und die Rosmarinzweige hineinstecken. Das Lamm
rundherum mit Olivenöl einpinseln. Mit Salz und Pfeffer
einreiben und in einer Bratenpfanne legen und ....

.... die übrig gebliebenen Gemüsereste dazu verteilen.

Das Lamm in den Vorgeheizten Backofen schieben und ca. 1 1/2 Stunde braten.

Sobald das Fleisch und die Karotten gut angebräunt sind, seitlich etwas Fond zugießen.

Ab und zu dann noch Flüssigkeit zugießen. Nach Ende der Garzeit die Keule herausnehmen und zugedeckt warm stellen.

Den Bratensatz in der Bratenpfanne mit etwas Fond oder Wasser lösen und durch ein Sieb passieren. Aufkochen, mit Salz und Pfeffer abschmecken und zur Lammkeule anrichten.

Beilage: Polenta, Butterreis, Kräutererdäpfel

WILDSCHWEINGULASCH mit POLENTA

600 g Wildschweinfleisch

2-3 Karotten

3 Zwiebeln

1/2 Sellerie

1 Lauch

3 Esslöffel Preiselbeeren

3/4 l Rotwein

1/2 l Wildfond oder Wasser

2 Zwiebeln

2 Esslöffel Tomatenmark

Olivenöl und Butter zum Braten

Salz

Pfeffer

Salbei

Oregano

Thymian

Knoblauch

Lorbeerblätter

Wacholder

Polenta:

500 g Polentagrieß

1,5 l Gemüsefond oder Wasser

einige Butterflocken

Salz

Zubereitung:

Das Öl und Butter in der Pfanne erhitzen, geschnittenen
Zwiebeln, Sellerie und Karotten anbraten, das in 3 cm.
würfelig geschnittenes Fleisch hinzugeben weiter braun
braten, Tomatenmark mitrösten und alle Gewürze dazu
geben.
Mit Rotwein ablöschen und mit Wildfond auffüllen. Bis
zu 2,5 Stunden auf kleiner Flamme köcheln lassen,
Fleischfestigkeit überprüfen.

Polenta:
Gemüsefond aufkochen, Polenta hinzugeben, einige
Butterflocken dazu geben und ziehen lassen.

FEINES REHRAGOUT

1,4 kg Rehschulter (ausgelöst)

180 g Wurzelwerk (Sellerie, Karotten und gelbe Rüben)

10 Pfefferkörner

3 Wacholderbeeren

2 Lorbeerblätter

6 Stangen Thymianzweige

6 Esslöffel Öl

1/8 l Rotwein

3/4 l Wasser oder Wildfond

3 Esslöffel Preiselbeeren

Orangenzeste

2 Teelöffel Stärkemehl

ca. 1/6 l Obers

Pfeffer

Salz

Zubereitung:

Fleisch in 3cm. große Stücke schneiden, salzen und Pfeffern. Wurzelwerk
schneiden und in 1 cm große Würfel schneiden.
Alle Gewürze in einen Leinenbeutel geben und ....

.... zubinden, man kann auch ein Gewürzei verwenden.

Öl in einen Topf gut erhitzen und das Fleisch von allen Seiten braun anbraten.

Die hälfte des Wurzelwerks dazu und mitrösten.

Mit der Hälfte des Rotweins ablöschen und Wasser oder Fond zugießen. Orangenschale, Preiselbeeren und Gewürzsackerl dazugeben und zugedeckt dünsten lassen. 15 min vor Ende der Garzeit das restliche Wurzelwerk dazu fügen.

Restlichen Rotwein mit dem Stärkemehl verrühren und in das kochende Ragout einrühren. Mit dem Obers noch verfeinern und abschmecken.

Beilage: Serviettenknödel, Semmel-Grießknödel, Preisel- oder Moosbeeren

REHFILET in HAGEBUTTENSAUCE

800 g ausgelöster Rehrücken (Filet)

1/4 l Wildfond

1 TL Wacholderbeeren

frische Rosmarinzweige

6 Pfefferkörner

2 Lorbeerblätter

2 Gewürznelken

1 Zimt-Stange

Salz

60 g durchwachsener Bauchspeck

4 Esslöffel Butterschmalz

50 ml Rotwein

3 Esslöffel Obers

Prise Salz

1 -2 Teelöffel Speisestärke oder Maisstärke

Für die Hagebuttensauce:

2 Handvoll frische Hagebutten (oder 5 Esslöffel
fertige Hagebuttenmarmelade)

Etwas Wasser

Kristallzucker

Zubereitung:

Die frischen Hagebutten mit Wasser und etwas Zucker kochen lassen, bis die Hagebutten weich sind. Dann durch ein Sieb gut passieren.

Die Gewürze zerdrücken, mit Salz vermischen und das Filet damit einreiben. Den Backofen auf 90 Grad vorheizen.

Den Speck in kleine Würfel schneiden. Das Butterschmalz in einer Pfanne erhitzen und den Speck darin anbraten. Das Filet in die Pfanne geben und rundherum scharf anbraten. In Alufolie packen und im Vorgeheizten Backofen ca.5 Minuten ruhen lassen.

Für die Sauce den Bratensatz mit Wildfond ablöschen und aufkochen lassen.

Rotwein einrühren und etwas einkochen lassen.

Hagebuttenpüree oder Marmelade und Obers einrühren. Die Sauce noch einmal erhitzen, aber nicht kochen. Mit Salz abschmecken.

Das Rehfilet aus der Folie nehmen und in dicke Scheiben schneiden. Mit der Hagebuttensauce servieren.

Beilage: Erdäpfelkroketten, Kohlsprossen, Maronipüree

HIRSCH-WURZELBRATEN

1,5 kg Hirschschlögel (ausgelöst)

250 g Wurzelwerk (Sellerie, Karotten und gelbe Rüben)

12 Pfefferkörner

4 Wacholderbeeren

2 Lorbeerblätter

Thymian

5 Esslöffel Öl

1/4 l Rotwein

ca. 1/2 l Wasser oder Wildfond

3 Esslöffel Preiselbeeren

2 Teelöffel Stärkemehl

1 Esslöffel Tomatenmark

2 Zwiebeln

Salz, Pfeffer

Zubereitung:

Hirschschlögel mit Bindfaden ein eine Form bringen,
fest binden. Salzen und pfeffern. Wurzelwerk schneiden
und in 1 cm große Würfel schneiden.
Die Gewürze fein Mörsern oder fein hacken, Öl in einen
Bratentopf gut erhitzen und das Fleisch von
allen Seiten braun anbraten. Die geschnittenen ....

.... Zwiebel und das Wurzelwerk dazu und mitrösten.

Tomatenmark zu geben, braun rösten.

Mit dem Rotwein ablöschen und Wasser oder
Fond zugießen. Preiselbeeren und fein gehackte
Gewürze dazugeben und zugedeckt ca. 1 1/2 Stunde
im Backrohr schmoren lassen.

Braten heraus nehmen und den Wurzelsaft mit
dem Stärkemehl mit etwas Wasser verrühren und in
den Wurzelsaft einrühren. Aufkochen und mit Salz und
Pfeffer abschmecken. Saft passieren. Den Braten
aufschneiden und mit dem Wurzelsaft übergießen.

Beilage: Erdäpfelknödel, Semmel-Grießknödel,
Preiselbeeren

KANINCHEN mit SALBEISAUCE

1 Kaninchen (Küchenfertig)

1 kleiner Strauß Salbeiblätter

1 Teelöffel gemahlener Salbei

1 Zwiebel

1/2 l Weißwein

etwas Wasser

500 g frische Pilze (Steinpilze)

2 Esslöffel Schweineschmalz

Zubereitung:

Kaninchen in Stücke teilen (Vorderläufe, Rücken in
"Scheiben", Hinterläufe in 2 Teile.
Jedes Stück mit einigen Blättern Salbei umwickeln,
mit Bindfaden festschnüren. Die Zwiebel fein schneiden.
In einem Bratentopf einen Esslöffel Schmalz erhitzen.
Die Kaninchenteile darin bei starker Hitze anbräunen,
dann heraus nehmen und zur Seite stellen.
Die Zwiebeln im diesem Bratentopf andünsten.
Wenn der Zwiebel angebräunt ist, mit dem Weißwein
ablöschen, aufkochen, und Wasser zufügen, Salz und
Pfeffer zugeben und die Kaninchenstücke in den Sud
legen. Die Pilze hinzugeben, Topf schließen und ....

.... für 1,5 Stunden
auf kleiner Flamme langsam kochen lassen.
15 Minuten vor Ende der Kochzeit den gemahlenen Salbei
in die Sauce geben.

Beilage: Alle Arten von Teigwaren, Polenta

GEFÜLLTE WEIDEGANS

1 Küchenfertige junge Gans (ca. 4-5 Kilo)

Salz

Pfeffer

6 EL Pflanzenöl

1 Bund Suppengemüse (Lauch, Sellerie, Karotte)

1/2 - 3/4 l Hühnerfond oder Wasser

Apfelfüllung:

4 große mürbe Kochäpfel

2 große Zwiebeln

2 Esslöffel Schmalz oder Butter

2 Esslöffel Rosinen

1 Teelöffel Thymian

1 Teelöffel Oregano

Salz, Pfeffer

Zubereitung

Die Gans innen und außen gründlich kalt abspülen und
trocken tupfen.

Innen und außen salzen und pfeffern.

Die Äpfel schälen, Kerngehäuse entfernen und mit den
Zwiebeln in Scheiben schneiden.

Beides in heißen Schmalz andünsten, bis die
Zwiebeln weich werden. Rosinen, Thymian und ....

.... Oregano zugeben, salzen und pfeffern.

Den Backofen auf 190°C vorheizen.

Die Apfelfüllung in die Gans stopfen. Die Öffnung mit Küchengarn zunähen oder mit Küchennadel (große Sicherheitsnadel) zustecken. In einer Bratenpfanne die Gans in heißem Öl rundherum anbraten. Mit der Brustseite nach oben in den heißen Ofen schieben und etwa 3 bis 4 Stunden braten. Dabei nach ca. einer Stunde das geputzte, klein geschnittene Suppengemüse zugeben und die Gans öfter mit dem Bratensaft begießen.

Immer etwas mit Fond oder Wasser aufgießen.

Die knusprig gebratene Gans heraus nehmen und warm stellen.

Den Bratensaft das Fett mit einem Schöpflöffel abschöpfen.

Die Bratensaft aufkochen und mit Salz und Pfeffer abschmecken.

Nicht vergessen, die Küchennadeln oder Küchengarn entfernen und die Gans tranchieren und anrichten.

Beilage: Apfelrotkraut, Speckkrautsalat, Preiselbeeren

PAPRIKAHENDEL mit BUTTERNOCKERL

1 Brathuhn

50 g Sonnenblumenöl

1 Zwiebel

Salz

Pfeffer

1-2 Esslöffel Mehl

1/4 l Sauerrahm

3 Teelöffel Paprikapulver (edelsüß)

1/16 l Obers

Wasser oder Hühnerfond

Nockerl:

250 g Mehl

2 Eier

1 Eidotter

3 Esslöffel Öl

1 Teelöffel Salz

1/4 l Milch

60 g Butter

Zubereitung:

Das Huhn je nach Größe in 4, 6 oder 8 Teile schneiden.
Die fein geschnittene Zwiebel in Öl anrösten und ....

……………… die gesalzenen Hühnerteile dazu geben und paprizieren. Mit Wasser bedeckt aufgießen und zugedeckt weich dünsten.

Die Hühnerstücke heraus nehmen und das Mehl mit den Rahm verrühren, damit den Saft binden. Das Obers dazu geben und aufkochen.

Würzen und die Hühnerstücke dazu geben. Nochmals aufkochen.

Nockerl:

Milch mit Eier versprudeln, das Öl und Salz dazu geben. Das Mehl einschlagen. Die Masse durch ein Nockerlsieb oder mit zwei Löffeln in Salzwasser einkochen. Abseihen und mit kaltem Wasser abschrecken.

Butter in einer Pfanne zerlassen und die Nockerl durchschwenken.

STEIRISCHE MAISPOULARDE

1 Maispoularde

3/4 kg Erdäpfel

2 Karotten

1/2 Stange Lauch

Frischer Rosmarin

Salz

Weißer Pfeffer

2 Esslöffel Maiskeimöl oder Olivenöl

Zubereitung:

Poularde innen und außen mit Salz, Pfeffer einreiben,
dann innen und außen mit Rosmarien belegen.
Poularde in einer Bratpfanne legen, mit der Brust nach
oben, dann die gewaschenen ungeschälten
Spalten von Erdäpfeln, Lauch- und Karottenscheiben
rundum die Poularde in der Bratpfanne verteilen.
Mir dem Öl beträufeln und bei im Backrohr braten.

Beilage: Blattsalate mit Steirischen Kernöl

GEKOCHTE SELCHZUNGE mit ERBSENPÜREE

1 geselchte Rindszunge
Wasser

Erbsenpüree:
800 frische grüne Erbsen
50 g Butter
Salz
Prise Zucker
Etwas Obers oder Gemüsefond

Zubereitung:

Die Selchzunge in reichlich Wasser weich kochen.
Das Erbsenpüree vorbereiten.
Erbsen kochen, passieren und die Butter hinzugeben. Mit Salz und einer Prise Zucker abschmecken und mit etwas Obers vollenden.
Die Selchzunge in Scheiben aufschneiden und mit Erbsenpüree anrichten.

GERÖSTETE SCHWEINSNIERNDELN

500 – 600 g Nierndeln

1 Zwiebel

1 Teelöffel Majoran

etwas Rindsfond oder Wasser

Salz

Pfeffer

30 g Öl oder Schmalz

Zubereitung:

Die sorgfältig gereinigten Nierndeln dünnblättrig
schneiden und zusammen mit den fein geschnittenen
Zwiebel möglichst schnell im fett rösten. Mit dem Mehl
stauben, nochmals kurz durchrösten und mit wenig Wasser
oder Rindsfond aufgießen, mit Salz, Pfeffer und Majoran
würzen.
Eventuell mit einem Spritzer Essig vollenden.

Beilage: Rösterdäpfel, Reis, Salzerdäpfeln

GERÖSTETE KALBSLEBER

500 g Kalbsleber

2 kleine Zwiebeln

60 g Öl oder Schmalz

1-2 Teelöffel Majoran

Salz

Pfeffer

Zubereitung:

Die Zwiebel fein nudelig schneiden und in Öl goldgelb
rösten.

Die feinblättrig geschnittene Leber zu den Zwiebel und
möglichst rasch rösten. Mit dem Mehl stauben, kurz
durchrösten und mit etwas Wasser oder Rindsfond
aufgießen.

Einmal aufkochen und mit Salz, Pfeffer, Majoran
abschmecken.

Beilage: Salzerdäpfel, Semmelknödel, Reis

GEBACKENE KALBSLEBER

400 – 500 g Kalbsleber (gleiches Rezept mit
Schweinsleber)
Salz
Mehl
Bröseln
4 Eier
etwas Milch
Biozitronen
Reichlich Öl zum Frittieren

Zubereitung:

Kalbsleber in dünne Scheiben schneiden
(Schmetterlingsschnitt = erster Schnitt nicht
durchschneiden, zweiter Schnitt durchschneiden).
Die Leberscheiben ganz wenig salzen, in die Panier mit
Mehl, versprudelte leicht gesalzene Eiermilch und Brösel
wenden.
Leicht andrücken und die Leber in einer Pfanne, mit
nicht zu heißem Öl, beidseitig heraus backen. Gut auf
einen Küchenpapier abtropfen lassen.
Gleich anrichten und mit Zitronenspalten
servieren. ....

....

Beilage: Erdäpfelsalat, grünen Salat,
Petersilieerdäpfel

KALBSLEBER auf WALDVIERTLER ART

1/4 kg Kalbsleber

1/2 Zwiebel

50 g Speck

5o g Butter

1 Handvoll Eierschwammerl

etwas Mehl zum binden

1/4 l Rindsuppe oder Kalbsfond

2 Esslöffel Rahm

Petersilie

Salz

Pfeffer

Zubereitung:

Die Kalbsleber in Streifen schneiden. Die
Eierschwammerl kurz in einer Pfanne anschwitzen.
Zwiebel fein schneiden
und mit dem Würfelig geschnitten Speck in Butter
anrösten, Kalbsleber dazu geben und rasch mit rösten.
Danach die Eierschwammerl dazu geben und kurz mit
rösten. Mit dem Mehl stauben und mit Rindsuppe
aufgießen. Würzen und den rahm hinzu geben.
Mit knusprigen Speckscheiben und Petersilie
garnieren. ………………

....

Beilage: Rösterdäpfeln, Salzerdäpfel, Teigwaren

WIENER KALBSRAHMBEUSCHEL

3/4 kg Kalbsbeuschel

1 große Zwiebel

2 Knoblauchzehen

1 Karotte

1 gelbe Rübe

1 Petersilienwurzel

1/4 Sellerie

80 g Butter oder Schmalz

50 g Mehl

1 Lorbeerblatt

1 Teelöffel Thymian

1 Teelöffel gehackte Petersilie

1 Teelöffel Estragonsenf

1 Teelöffel gehackte Kapern

Salz

Pfeffer

1/16 Obers

1/8 l Weißwein

Zitronenzeste

Zubereitung:

Das Beuschel zusammen mit dem Wurzelwerk in
Salzwasser weich kochen, aus dem Sud nehmen ....

…………… und abkühlen lassen.

Fein nudelig schneiden, wobei die großen Röhren entfernt werden.

Butter und die fein gehackte Zwiebel, Knoblauch, Kapern und Gewürze

rösten und mit Mehl dunkel weiterrösten.

Mit Weißwein und dem Kochsud ablöschen, aufkochen und passieren.

Dann das Lorbeerblatt, Zitronenzeste, den Senf dazu geben.

Abschmecken, das geschnittene Beuschel in die Sauce geben, 10 min aufkochen lassen.

Zum Schluss mit Obers verfeinern.

Beilage: Semmelknödel oder Serviettenknödel

KALBSRAHMHERZ

1 kg Kalbsherz

80 g Speckwürfeln

1 Zwiebel

1 Karotte

1 gelbe Rübe

1/4 Sellerie

Pfefferkörner

1 l Wasser oder Kalbsfond

Salz

Thymian

3 Lorbeerblatter

1/16 l Rotwein

1/16 l Obers

Zubereitung:

Kalbsherz in einem Topf mit Öl und Speckwürfeln
anrösten. Den geschnittenen Zwiebel, blättrig
geschnittenes Wurzelwerk
dazu geben und braun rösten. Mit Rotwein ablöschen und
mit Kalbsfond aufgießen. Alle Gewürze hinzugeben und
zugedeckt schmoren lassen.
Ist das Herz weich dann heraus nehmen,
in 3 cm. große Würfeln schneiden, den Rest im Topf ………

.... pürieren, würzen und mit Obers verfeinern.
Das Herz wieder in die Sauce geben und kurz
aufkochen und servieren.

Beilage: Semmelknödel, Salzerdäpfel, frisches Gebäck

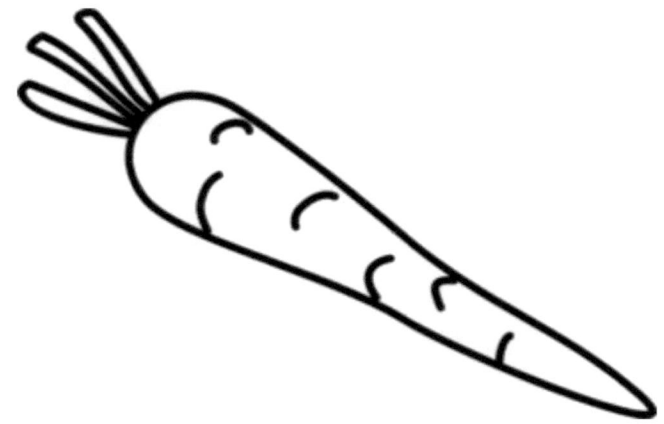

KALBSNIERENBRATEN

2 Kg Kalbsnierenbraten (beim Fleischer nachfragen,
wird auch frisch gerollt)
Salz, weißer Pfeffer
einige Kalbsknochen
einige Butterflocken
1/2 l Wasser
2 Teelöffel Mehl

Zubereitung:

Die Kalbsknochen in die Bratenpfanne verteilen und den
gewürzten Kalbnierenbraten darauf setzten.
Reichlich Butterflocken darauf verteilen.
Ins 220 Grad heiße Backrohr schieben und braten.
Immer wieder mit dem Wasser aufgießen und den Braten
wenden. Ca. 1 1/2 Stunden braten. Den Braten kurz aus
der Bratpfanne heben und den Bratrückstand mit
dem Mehl stauben. Durchrösten und mit etwas Wasser
aufgießen, kurz aufkochen lassen, abseihen.
Braten in Scheiben aufschneiden und mit dem Saft
übergießen.
Beilagen: Risipisi = Erbsenreis, Butterreis

KALBSBRIES auf PARISER ART GEBACKEN

1/2 kg Kalbsbries

Salz

weißer Pfeffer

Mehl

Eier

Semmelbrösel

Butterschmalz

Zubereitung:

Das Kalbsbries ca. 20-30 min. in Salzwasser vorkochen.
abkühlen lassen und dann das Bries in Scheiben
schneiden.
In Mehl, Eier und Brösel wenden und in Butterschmalz
goldbraun backen.
Heraus nehmen und auf Küchenpapier gut abtropfen
lassen. Gleich servieren.

Beilage: Blattsalat, Erdäpfel- Vogerlsalat, Reis

ALTWIENER BRUCKFLEISCH

1,2 Kg Bruckfleisch

(Kronfleisch,Rindsleber,Bries,Lichteln,Milz,Herz)

2 Zwiebeln

1 Karotte

1 gelbe Rübe

1 Petersilienwurzel

1/2 Sellerie

60 g Schmalz oder Öl

4 EssMehl

Salz

1 Teelöffel Apfelessig

6 Pfefferkörner

4 Lorbeerblätter

2 Teelöffel Thymian

1/2 Schale von einer Zitrone

1/8 l Rotwein

Zubereitung:

Das Bruckfleisch in Salzwasser mit den Gewürzen
bissfest kochen. Die einzelnen Teile haben verschiedene
Garzeiten, das Bries wird als erstes fertig sein. Immer
wieder probieren.
Dann heraus nehmen und überkühlen lassen. ....

.... Sudwasser aufbewahren. Das ganze dann in ca. 3 cm große Würfeln schneiden, die Lichteln in Ringe schneiden.

Die Zwiebel fein schneiden und das Wurzelwerk klein schneiden, zusammen in Schmalz anrösten.

Dann mit Mehl stauben und kurz braun rösten. Mit Rotwein und Apfelessig ablöschen und mit dem Sudwasser aufgießen, aufkochen lassen.

Würzen mit Salz und Pfeffer und das würfelig geschnittenes Bruckfleisch dazugeben und nochmals kurz aufkochen.

Beilage: Semmelknödel, Serviettenknödel, Kümmelerdäpfel

GEBRATENES SAIBLINGSFILET auf MANGOLD-ERDÄPFEL-GRÖSTL

4 Saiblingsfilets mit Haut (je ca. 1 Stück 180 g)

2 EL Butterschmalz

Salz

Pfeffer aus der Mühle

120 g Butter

5 Zweige Thymian

2 Knoblauchzehen

500 g Erdäpfeln

250 g Mangold

1 Zwiebel

Zubereitung:

Für das Mangold- Erdäpfel- Gröstl, Erdäpfel kochen, schälen und überkühlen lassen. Den frischen Mangold in kochendem Salzwasser kurz blanchieren und dann im Eiswasser kalt abspülen.
Die Erdäpfel in Würfeln schneiden und zusammen mit dem fein geschnittenen Zwiebel in einer Pfanne anrösten. Den Mangold in breiten Streifen schneiden und zu den Erdäpfeln dazugeben und durchrühren.
Mit Salz und Pfeffer abschmecken. Bis zum Servieren warm halten. ....

.... Die Saiblingsfilets waschen, trocken tupfen und falls Gräten vorhanden, mit der Pinzette entfernen.

Das Butterschmalz in einer beschichteten Pfanne erhitzen.

Die Filets mit Salz und Pfeffer würzen und mit der Hautseite nach unten in die Pfanne setzen. Die Haut gleichmäßig braten so dass sie knusprig wird.

Die Filets wenden und kurz braten. Butter, Thymianzweige und zerdrückten Knoblauch zufügen.

Die Filets sollen noch leicht glasig sein.

Zum Anrichten das Mangold- Erdäpfel- Gröstl auf Teller verteilen und ein Saiblingsfilet draufsetzen, mit der Butter aus der Pfanne beträufeln.

Beilage: Knoblauchsauce, Kräuterdip

ZANDERFILET mit KRÄUTERKRUSTE

800 - 1000 g   Zanderfilet

Salz

Pfeffer

Zitronensaft

Mehl zum wenden

4 Esslöffel Butterschmalz

Für die Kruste:

80 g Butter

1 Dotter

2 Esslöffel gehackte Kräuter

1 gehackte Knoblauchzehe

6o g feine Semmelbrösel

Salz

Pfeffer

Zubereitung:

Die Zanderfilets Salz, Pfeffer und Zitronensaft würzen.
Die Hautseite in Mehl wenden und auf der Hautseite in
Butterschmalz knusprig braten. Kurz umdrehen und kurz
fertig braten.
Alles für die Krustenmasse zusammen rühren und
auf die Zanderfiletstücke aufstreichen und ....

.... im Backrohr bei Oberhitze knusprig backen.

Beilage: Petersilieerdäpfel, alle Arten von
Gemüsepürees, Rosmarinerdäpfel

WALLERGULASCH

800 g Wallerfilet (Welsfilet)

1 kleine Zwiebel

1 rote geschälte Paprika

1 grüne geschälte Paprika

50 g Speckwürfeln

1 Knoblauchzehe

1-2 Esslöffel Rapsöl oder Olivenöl

2 Teelöffel edelsüß Paprikapulver

1/16 l Weißwein

Salz

Pfeffer

1/2 l Wasser oder Fischfond

1/2 Becher Obers

Etwas Zitronensaft

Zubereitung:

Die Wallerfilets in 3 cm große Streifen schneiden. Öl erhitzen und den fein geschnittenen Zwiebel mit den Speckwürfeln anschwitzen.
Den roten und grünen Paprika in kleine Würfeln schneiden und mit dem gehackten Knoblauch dazu geben. Paprikapulver einstreuen und gleich mit dem Weißwein und Fond ablöschen. ....

.... Salzen und Pfeffer und aufkochen lassen.
Die Wallerfiletstücke in den Gulaschansatz ohne stark
zu kochen nur ca. 5 min durch ziehen lassen.
Mit dem Schlagobers verfeinern und anrichten.

Beilage: Kräuternockerln, Buttererdäpfeln

FORELLE in BUTTER GEBRATEN

4 fangfrische Forellen

Salz

2 Zitronen

1 Knoblauchzehe

frisch gehackte Petersilie

1/4 kg Butter

etwas griffiges Mehl

Zubereitung:

Forellen ausnehmen und mit kaltem Wasser waschen. Innen und außen salzen.

Innen mit gehackter Petersilie und Knoblauch und etwas Zitronensaft einreiben. In Mehl wenden und in einer Pfanne mit Butter langsam goldgelb braten.

Ca. 15 min Garzeit.

Die Forellen mit Zitronenscheiben anrichten.

Beilage: Petersilienerdäpfel, Salzerdäpfel

GEBACKENES KARPFENFILET

800 g Karpfenfilet

Salz

Pfeffer

4 Eier

Mehl

Semmelbröseln

Öl oder Butterschmalz zum Frittieren

Zitronen

Zubereitung:

Die Karpfenfilets in ca. 6-8 cm. große Streifen
schneiden. Leicht salzen und leicht pfeffern. Die
Filets in Mehl und in den versprudelten Eiern und
Semmelbrösel wenden.
 Leicht andrücken.
Die Filetstücke bei mittlerer Hitze in Öl oder
Butterschmalz goldgelb herausbacken. Auf Küchenpapier
gut abtropfen lassen und mit Zitronenspalten servieren.

Beilage: Erdäpfelsalat, Mayonnaisesalat

VEGETARISCH

OMA`S KRAUTFLECKERL

400 g Fleckerl

250 g Weißkraut

100 g Butter oder Öl

1 Esslöffel Kristallzucker

1 Zwiebel

1 Teelöffel Apfelessig

Salz

Pfeffer

Kümmel

Zubereitung:

Die Fleckerl in reichlich Salzwasser kochen, abseihen
und mit kaltem Wasser abspülen. Das Kraut vom Strunk
befreien und fein nudelig Schneiden.
Den Zucker in Butter karamellisieren und den
geschnittenen Zwiebel mit rösten. Mit dem Essig
ablöschen und das Kraut dazu geben, salzen, pfeffern.
Etwas Kümmel dazu geben. Das Kraut weich dünsten und
immer etwas wenig Wasser aufgießen. Kraut und Fleckerl
mischen, kurz erhitzen und anrichten.

ERDÄPFEL-KÄSE-PUFFER

1 kg Erdäpfel

100 g Emmentaler

1 Ei

2 Esslöffel Mehl

1 Teelöffel frischer Majoran

5 Esslöffel Sonnenblumenöl

Salz, Pfeffer

1 Becher Sauerrahm

1 Knoblauchzehe

Zubereitung:

Für die Puffer die Erdäpfel schälen, grob raspeln und
in einem Geschirrtuch fest ausdrücken. Mit Käse, Ei,
Mehl und Majoran in einer Schüssel und mit Salz und
Pfeffer würzen.
In die Pfannen öl erhitzen. Für jeden Puffer
einen Esslöffel der Erdäpfelmasse in die Pfannen geben
und etwas flach drücken. Auf beiden Seiten
knusprig goldgelb braten. Sauerrahm mit Knoblauch, Salz
und Pfeffer verrühren und mit den Erdäpfelpuffern
anrichten.
Beilage: Paradeisersalat, Blattsalate

KRÄUTERPALATSCHINKEN mit PILZEN

1 Handvoll Petersilie

1 Handvoll Dillfäden

1 Handvoll Kerbelblätter

140 g Mehl

2 Eier

190 ml Milch

7 Teelöffel Butter

1 Bund Jungzwiebel

450 g Pilze (Steinpilze,Kräuterseitlig)

1/2 roten Chili

4 Esslöffel Olivenöl

150 g Frischkäse

1 Esslöffel Zitronensaft

Salz

Pfeffer

Zubereitung:

Ein paar Kräuter für die Garnitur Beiseitelegen und die restlichen Kräuter fein hacken. Mehl, Eier, Milch und 1 Prise Salz zu einen glatten Teig verrühren. Kräuter dazu geben und mit dem Stabmixer pürieren.
30 min. rasten lassen.
In gebutterten Pfannen Palatschinken heraus backen. ………

.... Backrohr auf 180 Grad vorheizen. Pilze putzen und vierteln, Jungzwiebel putzen und in feine Ringe schneiden.

Chili in feine Würfel schneiden. Öl in eine Pfanne erhitzen und die Pilze scharf anbraten, Jungzwiebel und Chili dazu geben und kurz Mitbraten, salzen, pfeffern und einige Tropfen Zitronensaft hinzu geben.

Frischkäse untermischen. Füllung auf die Palatschinken verteilen, die Palatschinken in der Hälfte zusammenklappen und für ca. 3 Minuten ins Backrohr.

Palatschinken auf die Teller anrichten und mit den frischen Kräutern garnieren.

Beilage: Schnittlauchrahm oder leichter Knoblauchrahm

KÜRBISGEMÜSE mit ERDÄPFELSCHMARRN

2 kg Kürbis

80 g Rapsöl

1 Zwiebel

1 Teelöffel gehackte Dille

1/2 Teelöffel gehackte Petersilie

1 Esslöffel Mehl

1/4 l Wasser oder Gemüsefond

1/4 l Sauerrahm

Spritzer Apfelessig

Salz

Pfeffer

Erdäpfelschmarrn:

3/4 kg gekochte Erdäpfel

80 g Butter

1 kleine Zwiebel

Salz

Zubereitung:

Den Kürbis schälen, entkernen und nudelig schneiden
oder grob raspeln.

Mit Salz leicht bestreuen und 1/2 Stunde stehen
lassen. ....

.... Die Zwiebel, Dille und Petersilie in Öl anschwitzen, denn Kürbis dazu geben und dünsten lassen.
Mit etwas Wasser aufgießen und danach das Mehl mit dem Sauerrahm verrühren und den Kürbis damit leicht binden.
Ca. 5 min köcheln lassen.
Abschmecken mit einem Spritzer Apfelessig und Pfeffer.
Die gekochten geschälten Erdäpfel fein blättrig schneiden oder
grob durch Küchenhobel raspeln. Die Butter mit dem fein geschnittenen Zwiebel in einer Pfanne anrösten und die Erdäpfeln hinzu fügen.
Den Erdäpfelschmarrn goldgelb anrösten.
Eventuell kann man eine Prise gemahlenen Kümmel dazu geben.
Den Kürbis mit Erdäpfelschmarrn anrichten.

BANDNUDEL mit KÜRBISKERNPESTO

1/2 kg breite Bandnudel

Salz

Wasser

Parmesan

Kürbiskernpesto:

3 Handvoll Basilikumblätter

1 Handvoll Petersilieblätter

1 kleine Scharlotte (Zwiebel)

2 Esslöffel gehackte Kürbiskerne

100 g Kürbiskernöl

100 g Olivenöl

Salz

Pfeffer

Zubereitung:

Kerne fein zerstoßen, Basilikum und Petersilie ganz
fein hacken. Zwiebel auch fein hacken.
Alles gut mit den Ölen vermischen und würzen.
Eventuell, wenn man es einer mag, mit dem Pürierstab
mixen.
Die Nudeln in reichlich Salzwasser kochen und
abseihen. …………

.... Noch heiß mit dem Pesto mischen und mit Parmesanflocken bestreuen.

PASTINAKEN - KÜRBISAUFLAUF

300 g Pastinaken

500 g Hokkaido-Kürbis

1 Knoblauchzehe

2 El Olivenöl

2 El gehackter Thymian

1 Bio-Limette

40 g Butter

2 Esslöffel Mehl

400 ml Milch

Salz

Pfeffer

50 g gehackte Walnüsse

3 Esslöffel Semmelbrösel

Zubereitung:

Pastinaken putzen, schälen und würfeln. Hokkaido putzen
und halbieren.
Kerngehäuse herausschaben. Fruchtfleisch in Stücke
schneiden.
Knoblauch hacken. Olivenöl erhitzen. Pastinaken und
Hokkaido darin 8 Minuten braten.
Thymian und Knoblauch kurz Mitbraten. Gemüse in
eine Auflaufform füllen. ....

.... Limettenschale fein abreiben. Saft auspressen. Butter erhitzen.

Mehl zufügen und unter Rühren 3 Min. anschwitzen. Unter rühren mit Milch ablöschen und 5 Min. köcheln lassen.

Mit Salz, Pfeffer und Limettenschale würzen.

Sauce von der Kochstelle ziehen und Limettensaft zufügen. Sauce über das Gemüse gießen.

Mit Walnüssen und Semmelbröseln bestreuen.

Im heißen Ofen bei 180 Grad auf der mittleren Schiene ca. 30-40 Minuten backen.

BÄRLAUCH - PARADEISERAUFLAUF

2 kg frischer Bärlauch

1 Zwiebel

8 Esslöffel Olivenöl

800 g Paradeiser gewürfelt

750 g gekochte Erdäpfeln

1 Prise Kristallzucker

130 g Emmentaler gerieben

1 Handvoll Basilikumblätter

1/4 l Schlagobers

4 Eidotter

Salz, Pfeffer

Zubereitung:

Frische Bärlauchblätter waschen, kurz blanchieren. Die geschnittene Zwiebel in Olivenöl anschwitzen und die Paradeiser dazu geben. Durch schwenken.
Die Erdäpfel blättrig schneiden und würzen.
Schichtweise
in eine Form legen und mit den versprudelten Eiern in Obers übergießen. Mit den geriebenen Emmentaler und Basilikumblätter bestreuen und bei mittlerer
Hitze ca. 35 min. backen.

OMA'S KOHLGEMÜSE (Kelch)

1 1/4 Kg Kohl

3/4 l Wasser

Salz, Pfeffer, Prise Zucker

75 g Gänse- oder Schweineschmalz (Vegetarisch = Rapsöl)

1 Zwiebel

2 Knoblauchzehen

2 EL Mehl

4 EL Milch (Vegetarisch = Wasser)

Zubereitung:

Den vorbereiteten Kohl in das siedende, leicht gesalzene Wasser geben und auf kleiner Flamme zusammenfallen lassen. Dann kalt abspülen und abtropfen lassen, Nudelig oder Würfelig schneiden.
Klein geschnittener Zwiebel und Knoblauch in Fett Anschwitzen und den Kohl dazu geben, und mit dem Kohlwasser auffüllen.
Kurz vor Beendigung der Garzeit Mehl, Milch und Zucker verrühren und in dem Kohl aufkochen lassen. Mit Salz und Pfeffer abschmecken.

STEIRISCHES RITSCHERT

80 g Rollgerste

50 g Linsen

50 g weiße Bohnen

50 g Zuckermais

50 g Erbsen

50 g Öl

1 Zwiebel

1 Karotte

1/2 Sellerie

etwa 1/4 l Wasser

Salz

Pfeffer

Petersilie (gehackt)

Zubereitung:

In Öl die fein geschnittene Zwiebel anschwitzen und die
am Vortag eingeweichte Rollgerste dazu geben. Das klein
würfelig geschnittene Wurzelwerk mit rösten.
Mit Wasser ablöschen und aufkochen lassen.
Würzen und die restlichen Hülsenfrüchte hinzu geben.
Bissfest dünsten lassen und immer mit etwas
Wasser aufgießen, so das ein richtiger Eintopf
entsteht. Zum Schluss mit gehackter Petersilie ....

.... bestreuen.

Beilage: Schwarzbrot

RAHMLINSEN mit SERVIETTENKNÖDEL

250 g Linsen

1 kleine Zwiebel

60 g Öl

30 g Mehl

1 kleine Knoblauchzehe

einige Tropfen Zitronensaft

1/4 l Gemüsefond oder Wasser

1 Lorbeerblatt

Salz

Pfeffer

Etwas Essig

1/16 l Sauerrahm

Serviettenknödel:

6 Semmeln

70 g Butter

2-3 Eier

Salz

1/4 l Milch

1 kleine Zwiebel

Petersilie

Zubereitung:

Die Zwiebel und den Knoblauch fein hacken und in Öl anschwitzen.

Mit dem Mehl stauben und mit dem Fond aufgießen.

Lorbeerblatt, Essig, Zitronensaft, Salz, Pfeffer würzen.

Die Linsen dazu geben und kurz aufkochen.

Die Semmeln würfelig schneiden. Die Eier, Salz und Milch versprudeln und über die Semmeln gießen.

Die Zwiebel und die Petersilie
fein hacken und mit der Butter anschwitzen.

Das ganze mischen und zu einer Rolle formen.

Die Rolle in einer nassen Serviette einbinden und ca. 3o min. kochen lassen.

Überkühlen und in Scheiben schneiden.

SCHWAMMERLGULASCH

800 g Eierschwammerl

50 g Öl

1 kleine Zwiebel

1/2 Teelöffel Paprikapulver (edelsüß)

Salz

1 Esslöffel Mehl

1/8 l Sauerrahm

wenig Wasser

Zubereitung:

Die Zwiebel fein schneiden und in Öl anschwitzen, die
geputzten Eierschwammerl und das Paprikapulver dazu
geben. Bissfest kurz dünsten lassen und mit etwas
Wasser aufgießen. Würzen.
Das Mehl mit dem Sauerrahm versprudeln und einrühren.
Kurz aufkochen und eventuell mit etwas Obers noch
verfeinern.

Beilage: Serviettenknödel, Semmelknödel

SPINAT - ERDÄPFELSTRUDEL

Strudelteigblätter

250 g gekochte Erdäpfeln

280 g Blattspinat

80 g Butter

2 Eier

180 g Topfen

Salz

Pfeffer

Zubereitung:

Die Erdäpfel klein würfelig schneiden. Den Blattspinat blanchieren.
Die Erdäpfel mit den Spinat, Eier, Salz, Pfeffer und Topfen mischen.
Auf die Strudelteigblätter verteilen und einrollen.
Den Strudel auf ein Backblech legen und mit der Butter bestreichen, bei 180 Grad ca. 3/4 Stunde backen. Aus dem Rohr noch heiß servieren.

Beilage: Blattsalat, Kräuterrahm

DESSERT

SCHEITERHAUFEN

8-10 altbackene Kipferl oder Brioche

1/4 l Milch

4 Eier

100 g Staubzucker

80 g Butter

1/2 Äpfel

Zimt

30 g Rosinen (kann auch weglassen werden)

30 g Mandeln (geschält und gestiftelte oder auch Walnüsse)

Zubereitung:

Die Milch mit den Eier und Zucker gut versprudeln, die Kipferl oder Brioche blättrig schneiden mit der Milch übergießen.

Eine gebutterte Auflaufform schichtweise füllen: Erste Schicht mit Kipferlmasse, nächste Schicht mit geraspelten Äpfeln mit Zimt, Rosinen und Mandeln. Die letzte Schicht sollte aus Kipferlmasse bestehen. Die restliche Eiermilch darüber gießen und das ganze bei mittlere Hitze goldgelb backen.

Nach dem Backen Stücke heraus schneiden und ....

.... mit Staubzucker bestreuen.
Eventuell mit Apfelmus servieren.

ERDBEER - TOPFENOMELETTE

500 g Erdbeeren

1 Biozitrone

8 Eier

500 g Magertopfen

200 g Creme Fraiche

100 g Speisestärke

150 g Kristallzucker

3 Esslöffel Butter

2 Esslöffel Blütenhonig

2 Esslöffel Pistazien gehackt

4 Teelöffel Staubzucker

Zubereitung:

Das Backrohr auf 200 Grad vorheizen. Erdbeeren putzen und vierteln.
Zitroneschale abreiben und 2 Esslöffel Saft auspressen.
Eidotter mit Topfen, Creme fraiche, Speisestärke, Zitronenzeste und Saft verrühren. Das Eiklar mit dem Kristallzucker steif schlagen und behutsam unter die Topfenmasse heben.
1 Esslöffel Butter in einer feuerfesten Pfanne schmelzen und die Erdbeeren kurz an andünsten.
Honig dazugeben und die Erdbeeren kurz darin wenden. ......

.... Herausnehmen und die Panne mit Küchenkrepp auswischen.

1 Esslöffel Butter wieder in der Pfanne erhitzen und die Hälfte des Teiges hineingießen und die Erdbeeren darauf verteilen.

Ins Backrohr schieben und bei mittlere Hitze 10 min. goldbraun backen.

Aus dem Rohr nehmen und auf eine Servierplatte geben. Den Vorgang mit 2 Teigmasse wiederholen und das zweite Omelett backen.

Omelettes mit gehackte Pistazien und Staubzucker bestreuen.

GEBACKENE APFELSPALTEN

100 g glattes Mehl

3 Eier

1/8 l Milch (mehr oder weniger, nach Bedarf)

3 säuerliche Äpfel

Kristallzucker

1 l Öl für das Herausbacken

Prise Salz

Zimt

Staubzucker

Zubereitung:

Die Äpfel schälen, die Gehäuse entfernen und in
fingerdicke Scheiben schneiden. Mehl, eine kleine Prise
Salz, Eier und Kristallzucker zu einen dickflüssige
Teig rühren.
Die Apfelspalten in den Teig tauchen und in
reichlich heißem Öl goldgelb backen. Herausnehmen und
auf Küchenkrepp gut abtropfen lassen, anrichten und mit
Zimt und Staubzucker bestreuen.

Beilage: Vanilleeis, Vanillesauce

SCHNEENOCKERL auf VANILLESAUCE

3 Eiklar

6 0 g Staubzucker

1/2 l Milch

1 Teelöffel Vanillezucker

Vanillesauce:

1/2 l Milch

1/2 Paket Vanillepuddingpulver

Zucker

Zubereitung:

Die Eiklar Steif schlagen und nach und nach Zucker einrühren. Die Milch mit dem Vanillezucker aufkochen. Mit einem Esslöffel Nockerl aus der Masse formen und in die kochende Milch einlegen. Etwa 5 min langsam kochen lassen, bis die Nockerl sich fest anfühlen. Mit einem Lochschöpfer herausholen und abtropfen lassen. In einen tiefen Teller oder Schüssel die Vanillesauce eingießen und die Schneenockerl darauf setzen. Leicht mit Staubzucker bestreuen.

DUKATENBUCHTELN mit VANILLESAUCE

250 g Mehl

20 g Germ

Salz

geriebene Biozitronenschale

2 Esslöffel Staubzucker

Vanillezucker

2 Eigelbe

50 g zerlassene Butter

ca. 1/8 l Milch

Vanillesauce:

5 Eidotter

80 g Staubzucker

1/4 l Milch

1/4 l Obers

Mark einer Vanilleschote oder Vanillezucker

1 Esslöffel Rum

Zubereitung:

Eidotter mit Staubzucker schaumig schlagen. Milch,
Obers, Vanille und Rum aufkochen.
Die Vanillemilch kräftig in die
Dotter-Zuckermasse einschlagen. Nochmals erhitzen ....

.... und rühren bis die Sauce cremig ist.

Germ mit etwas Milch und Mehl zu einem Dampfl verrühren und aufgehen lassen. Dann mit den übrigen Zutaten zu einen feinen glatten Teig schlagen und ihn aufgehen lassen.

Mit einem Löffel kleine Teigstücke formen, in eine mit Butter Ausgefettete Backform schlichten, nochmals aufgehen lassen und goldbraun bei mittlerer Hitze backen. Dukaten einzeln herauslösen und mit heißer Vanillesauce anrichten mit Staubzucker bestreuen.

GRIEßSCHMARRN mit APFELMUS

180 g Grieß

1 EL Rum

1/2 l Milch

1 unbehandelten Zitrone

2 Esslöffel Zucker

Prise Salz

1 EL Vanillezucker

110 g Butter

2 Eier

eventuell Rosinen

Apfelmus:

8 reife mürbe Äpfel (z.B. Boskop)

Saft von 1 Zitrone

1/4 l Weißwein

gemahlener Zimt

2-3 EL Zucker

2 EL Puderzucker

Zubereitung:

Die Milch in einen Topf geben.
Feine Zitronenzesten (Streifen von der Zitronenschale)
Zucker, Salz, Vanillezucker und 50 g Butter ....

.... dazugeben und die Milch aufkochen. Den Grieß und die verquirlten Eier einrühren und weiter bei schwacher Hitze rühren, bis die Masse eindickt.

Vom Herd nehmen und den Grießbrei abkühlen lassen.

Den Backofen auf 160 Grad vorheizen. Die restliche Butter zerlassen.

Die abgekühlte Grießmasse mit zwei Gabeln in Stücke reißen.

Eine ofenfeste Form mit der flüssigen Butter auspinseln und den in Stücke gerissenen Grießbrei darin 20 bis 30 Minuten im Backofen ziehen lassen bis er Farbe annimmt.

In der Zwischenzeit für das Apfelmus die Äpfel schälen, vom Kerngehäuse befreien und klein schneiden.

Sofort mit Zitronensaft und Weißwein mischen. Die Äpfel mit etwas Zimt in einem Topf bei mittlerer Hitze weich kochen, wenn nötig, etwas Wasser zugießen. Zucker unterrühren. Vom Herd nehmen und durch ein Sieb passieren.

Den Grießschmarrn auf eine vorgewärmte Platte häufen und mit Staubzucker bestreuen. Das Apfelmus dazu servieren.

HOLLER-KOMPOTT

450 g Holunderbeeren (Holler)

200 g Zwetschken

200 g Birnen

1/4 l Rotwein (ersatzweise Apfelsaft)

1 Zimtstange

3 Sternanis

3 Gewürznelken

1/2 Schale einer Biozitrone

100 g Zucker

1 Teelöffel Speisestärke

Zubereitung:

Die Holunderbeeren waschen und von den Stielen zupfen.
Die Zwetschken waschen und halbieren, dabei den Stein
entfernen.
Die Birnen schälen, vom Kerngehäuse befreien und in
Spalten schneiden.
Früchte mit Rotwein und Wasser in einen Topf geben. Die
Gewürze in ein Mullsäckchen binden und zugeben
(oder lose in den Topf geben und hinterher entfernen).
Alles aufkochen lassen und ca.10 Minuten kochen, je
nachdem, ob man das Obst bissfest oder musig mag.
Die Gewürze herausnehmen. Den Zucker nach ....

.... Geschmack einrühren.

Wer die Flüssigkeit lieber etwas sämiger mag, rührt die Speisestärke mit etwas Wasser glatt, stellt das Kompott noch einmal auf den Herd und gibt die angerührte Stärke dazu. Unter Rühren einmal aufkochen und dann abkühlen lassen.

Beilage: Vanilleeis

TOPFENKNÖDEL auf RHABARBERKOMPOTT

100 g Butter

1 Ei

3 Eidotter

3/4 kg Topfen

1 Teelöffel Zucker

etwas Zitronenzeste

100 g Mehl

100 g feine Semmelbrösel

Prise Salz

Butterbrösel:

60 g Butter

100 g Brösel

Zucker

Rhabarberkompott:

1 kg Rhabarber

200 g Zucker

1/2 Stange Zimtrinde

Zubereitung:

Rhabarber schälen und in 3 cm große Stücke schneiden.
In einem Topf Wasser mit Zucker und Zimtrinde ....

.... aufkochen, und den Rhabarber dazu geben. Sollte nicht mehr stark kochen, der Rhabarber zieht noch nach. Gleich in Schüssel auskühlen lassen.

Die Eier mit der Butter und Zucker schaumig rühren.

Den Topfen, Zitronenzeste, Mehl und Brösel untermischen, sollte der Teig zu weich sein, etwas Brösel zugeben. Aus

der Topfenmassen kleine Knödel formen und in leicht gesalzenes kochendes Wasser einlegen.

Langsam ziehen lassen, Kochwasser

darf nicht stark kochen. Die Knödel dann in den Butter-Brösel wenden und mit Staubzucker bestreuen.

Mit dem Rhabarberkompott anrichten.

Beilage: Alle Arten an Kompott von Früchten oder Fruchtmus

MILCHRAHMSTRUDEL

4 Strudelteigblätter
150g Butter
1/4 l sauren Rahm
100g Staubzucker
5 Eier
3 entrindete Semmeln
30g Mehl
Salz
Zitronenzeste
1 Pk. Vanillezucker

Royal- Eiermilch:
1/4 l Milch
1/4 l Obers
3 Eier
300g Kristallzucker

Zubereitung:

Butter und Zucker schaumig rühren, nach und nach die Eidotter dazu geben, die klein geschnittenen Semmelwürfel mit Sauerrahm einweichen und in die Buttermasse unterrühren. Salz, Vanillezucker und Zitronenzeste dazu. ....

.... Eischnee und Mehl unterheben.

Auf den ausgezogenen Strudelteig die Masse
verstreichen, einrollen in einer feuerfeste, gebutterte
Form legen und im Backrohr bei mittlerer Hitze ca. 40
min goldgelb backen.

Dann mit der Eiermilch übergießen und nochmals
für 15 min. ins Backrohr. Wird direkt in der Backform
serviert und mit Staubzucker bestreut.

SCHÖNBRUNNER REISAUFLAUF

14 dkg Splendorreis

1/2 l Milch

Prise Salz

1 Zimtrinde

60 g Butter

60 g Staubzucker

3 Eier

1/2 Tafel Bitterschokolade

Schokoladesauce zum übergießen!

Zubereitung:

Den Reis 4 Minuten in Salzwasser vorkochen, abseihen
und in die kochender, gewürzter (Zimtrinde) Milch geben
und fertig kochen.

Die Butter und den Staubzucker schaumig rühren, die
Eidotter langsam einschlagen und das Ganze mit dem
gekochten, überkühlten Reisvermischen. Zuletzt den das
Eischnee unterheben.

Die Hälfte der Reismasse in eine gebutterte, mit Bröseln
bestreute viereckige Backform geben, glatt streichen
danach die andere hälfte der Reismassen
mit der leicht weichen Bitterschokolade vermischen. ......

.... Die Masse dann vorsichtig auf die andere Masse in der Backform streichen.

Bei mittlere Hitze im Backrohr ca. 3/4 Stunde hellbraun backen. Noch heiß in Würfelform schneiden und mit Schokoladesauce übergießen.

WIENER MARONISCHNITTEN

12 Eier

300 g Mehl

300 g Kristallzucker

300 g Schokolade

300 g zerlassene Butter

250 g Maronipüree

Ribiselmarmelade

Parisercreme:

1/4 l Schlagobers

250 g Schokolade

Zubereitung:

Dotter und Kristallzucker schaumig rühren, zerlassene
Butter dazu. Eischnee und Mehl unterheben. Bei 180 Grad
ca. 1 Stunde backen.
Nach dem erkalten in 10 Zentimeter lange Streifen
schneiden.
Für die Parisercreme das flüssige Schlagobers erwärmen
und die Schokolade darin auflösen, kurz kaltstellen
und danach cremig aufschlagen.
Zuerst mit Ribiselmarmelade bestreichen und dann
die Parisercreme darüber auftragen. ....

.... Kalt stellen.

Dann mit dem Dressiersack das Maronipüree aufdressieren und mit Schlagobers verzieren.

"MOOR" IM HEMD

200 g Schokolade

200 g Butter

50 g Staubzucker

50 g Kristallzucker

10 g Vanillezucke

Prise Salz

1 Esslöffel Rum

5 Dotter

100 g Weißbrot

150 g Milch

5 Eiklar

30 g Semmelbrösel

200 g Walnüsse

Zubereitung:

Butter mit Staubzucker, Vanillezucker, Eidotter, Rum
und Salz schaumig rühren.
Weißbrot mit Milch einweichen und fein mixen. Die
Schokolade unter die Masse ziehen.
Walnüsse und Brösel mischen und den Eischnee vorsichtig
unterheben.
In 10 Gläser füllen und Tiefgefrieren!
60 Sekunden im Mikrowelle heiß machen oder ....

.... im Wasserbad

ca. 1/2 Stunde bei 170 Grad backen.

Dekoration: Schokosauce, Schlagobers, fein gehackte
Walnüsse

SÜDSTEIRISCHER HERBSTSTRUDEL

2 Stück Strudelteig ausgezogen (oder fertige Strudelteigblätter)

160 g Butter

Zitronenschale

1/2 l Milch

Prise Salz

1/2 Vanilleschote

1 Zimtstange

6 Eier

180 g Maisgrieß

140 g Kristallzucker

250 g Topfen

150 g Kürbis (fein in Würfeln geschnitten)

200 g Apfelwürfel

8 Esslöffel Semmelbrösel

Butter zum Bestreichen

Staubzucker zum Bestreuen

Zubereitung:

Milch mit Zimtstange, Vanilleschote aufkochen und Maisgrieß einkochen.
Aufquellen lassen, sollte eine breiige Masse entstehen. Auf die Seite stellen und Abkühlen ....

…………… lassen.

Butter, Zucker, Salz und Zitronenzeste schaumig rühren und nach und nach die Eidotter einrühren.

Lauwarme Maisgrießmasse, Topfen, Kürbis und Apfelstücke dazu geben.

Steif geschlagener Eischnee unterheben.

Ausgezogener Strudelteig mit zerlassener Butter bestreichen und leicht mit Bröseln bestreuen.

Die Masse ca. 1 cm. dick aufstreichen und den Strudel einrollen.

Auf dem Backblech legen wieder mit zerlassener Butter leicht bestreichen. Bei 160 Grad ca. 40 min backen.

Den ausgekühlten Strudel mit Staubzucker und fein gehackte Kürbiskerne bestreuen.

ORIGINAL WIENER KAISERSCHMARRN

30 g Rosinen

2 EL Rum

4 Eier, davon das Eigelb

30 g Zucker

1 Pck. Vanillezucker

370 ml Milch

125 g Mehl

4 Eier, davon das Eiweiß

40 g Butter

Puderzucker

Salz

Zubereitung:

Rosinen 30 Minuten mit Rum in einer Schüssel einweichen.

Eigelb, Zucker, Salz und Vanillinzucker in einer Schüssel mit dem Schneebesen schaumig rühren, bis die Masse hellgelb und cremig wird. Milch und nach und nach Mehl unterrühren, dann die Rosinen zugeben.

Eiweiß sehr steif schlagen, vorsichtig unter den Teig heben.

In einer Pfanne Butter erhitzen, Teig einfüllen ....

.... und bei kleiner Hitze braten, bis die Unterseite leicht gebräunt ist und immer wieder wenden, bis alles goldgelb ist. Dabei gleich zerreißen.
Auf Teller anrichten und mit Puderzucker bestreuen. Als

Beilage: Zwetschkenkompott

WIENER APFELSTRUDEL

Strudelteig:

20 g Butter oder 1 EL Rapsöl

250 g Mehl

Salz

1 Ei

etwa 100 ml lauwarmes Wasser

Füllung:

Etwa 2 kg Äpfel (feste, säuerliche Sorte)

Saft und abgeriebene Schale von einer unbehandelten Zitrone

12dkg Zucker

1 TL gemahlener Zimt

100 g Rosinen

50 g geriebene oder gehobelte Walnüsse

Butter für die Form

Zerlassene Butter zum Bestreichen

Staubzucker zum Bestäuben

Zubereitung:

Für den Teig die Butter zerlassen. Das Mehl auf die Arbeitsfläche sieben und eine Mulde in die Mitte drücken. Salz, Butter oder Öl, Ei und lauwarmes Wasser in die Mulde geben. Mit einer ....

.... Gabel kurz verrühren, dann mit den Händen zu einem weichen Teig verarbeiten. Den Teig gut kneten, bis er glatt ist. In zwei Portionen teilen und jeweils zur Kugel gerollt 30 Minuten ruhen lassen. Die Äpfel schälen, vom Kerngehäuse befreien und in dünne Scheibchen schneiden. Sofort mit Zitronensaft und -schale vermischen. Den Backofen auf 200 °C vorheizen. Ein Backblech gut mit Butter ausstreichen. Die erste Hälfte des Strudelteigs ausziehen. Dafür den Teig auf einem bemehlten Küchenhandtuch mit der Teigrolle dünn ausrollen und mit zerlassener Butter bestreichen. Dann beide gut bemehlte Handrücken unter den Teig schieben und den Teig über die Handrücken ganz dünn ausziehen. Den Teig mit zerlassener Butter bestreichen und jeweils die Hälfte der Zutaten für die Füllung darauf verteilen, dabei einen Rand freilassen: geschnittene Äpfel, Zucker und Zimt gemischt, Rosinen und Nüsse. Die beiden Seitenränder des Strudelteigs ein wenig über die Füllung einschlagen. Den Strudel mit Hilfe des Küchenhandtuchs einrollen. Den Strudel in tiefes Backblech heben. Die Seiten unter den Strudel einschlagen. Mit der zweiten Teigportion genauso verfahren. Die Strudel großzügig mit zerlassener Butter bestreichen und im Backofen etwa 30 bis 40 Minuten backen. Mit Staubzucker bestäubt servieren.

BRATÄPFEL mit ZIMTOBERS

8 säuerliche Äpfel

2 EL Butter

100 g Zucker

Etwas Zitronensaft

Zimtobers:

200 g Schlagobers

1 Esslöffel Vanillezucker

1 Teelöffel gemahlener Zimt

8 Esslöffel Preiselbeeren

Zubereitung:

Den Backofen auf 220° C vorheizen. Die Äpfel waschen,
mit Apfelausstecher entkernen. Eine Auflaufform gut
buttern, die Äpfel nebeneinander hineinsetzen,
mit Zitronensaft beträufeln mit Zucker bestreuen und im
Vorgeheizten Ofen ca.30 Minuten weich braten.
Die Äpfel aus dem Ofen nehmen, je einen Löffel
Preiselbeeren in die Äpfel füllen und weiter im Ofen
warm stellen. Das Schlagobers mit Vanillezucker und
Zimt steif schlagen. Beim Anrichten die Äpfel auf die
Teller verteilen und das Zimtobers draufgeben und
servieren.

MARILLENRÖSTER

500 g Marillen

2 EL Butter

2 EL Zucker

50 ml Weißwein (oder 2 cl Marillenschnaps)

100 ml naturtrüber Apfelsaft

Zubereitung:

Die Marillen waschen, abtrocknen und halbieren.

Früchte entsteinen und in Spalten schneiden.

2 EL Butter erhitzen, die Früchte zugeben und vorsichtig

darin wenden.

2 EL Zucker zugeben und bei mittlerer Hitze hell

karamellisieren lassen. Dabei öfter behutsam umrühren.

Mit etwa 100 ml Apfelsaft oder einer Mischung aus 2 cl

Marillenschnaps und 50 ml Weißwein ablöschen.

Kurz aufkochen, vom Herd nehmen und abkühlen lassen

Beilage: zu Topfenknödel, Grießschmarrn

POWILDTASCHERL

Taschen:

500 g mehlig kochende Kartoffeln

1 EL Butter

etwa 150 g griffiges Mehl (oder Type 550)

1 TL Salz

1 Ei

2 Eigelb

2 Esslöffel Hartweizengrieß

Eiweiß zum Bestreichen

Salz

Füllung:

200 g Powidl (Zwetschken)

2 cl Rum

1 Prise gemahlener Zimt

120 g Butter

20 g Bröseln

Staubzucker

Zubereitung:

Die Kartoffeln mit Schale in wenig Wasser gar kochen.
Noch heiß schälen und durch die Kartoffelpressedrücken.
Auskühlen lassen und mit den übrigen Zutaten zu ....

.... einem glatten Teig verkneten, bei Bedarf noch etwas Mehl zugeben.

Den Teig auf der bemehlten Arbeitsfläche etwa 3 mm dick ausrollen und mit einem Glas oder einem runden Ausstecher Kreise ausstechen.

In einem Topf reichlich Salzwasser zum Kochen bringen. Die Zutaten für die Füllung verrühren. Jeweils 1 Teelöffel Füllung in die Mitte jedes Kreises geben. Eiweiß verquirlen und damit die Ränder bestreichen. Die Kreise auf die Hälfte zusammenklappen, so dass halbkreisförmige Taschen entstehen. Die Ränder mit den Fingern oder mit einer Gabel fest zusammendrücken.

Die Tascherl ins kochende Salzwasser geben, die Hitze etwas reduzieren und die Tascherl 8 bis 10 Minuten ziehen lassen. Mit einem Schaumlöffel herausnehmen und in ein Sieb legen. Kurz mit kaltem Wasser abschrecken, damit sie nicht zusammenkleben. In einer kleinen Pfanne die Butter erhitzen, die Semmelbrösel darin unter häufigem Wenden goldgelb anrösten. Die Tascherl in den Butterbröseln wenden und mit Puderzucker bestäubt servieren. Oder die Tascherl mit zerlassener Butter übergießen und mit Zimtzucker bestreut servieren.

TOPFENPALATSCHINKEN

Teig:

250 g Mehl

2 -3 Eier

400-420 ml Milch

Prise Salz

Füllung:

1/2 kg Topfen

2 Eigelb

abgeriebene Schale von 1 unbehandelter Zitrone

4 Esslöffel Crème fraîche

1 Esslöffel Staubzucker

1 EL Butterschmalz zum backen

Butter für die Form

etwa 1/16 l Milch

Staubzucker

Zubereitung:

Das Mehl mit Eiern, Milch und Salz zu einem flüssigen
Teig rühren. Den Teig 1 Stunde ruhen lassen.
Den Backofen auf 50 Grad vorheizen. In einer
beschichteten Pfanne das Butterschmalz sehr heiß werden
lassen, einen Schöpfer Teig Hineingeben und in ....

.... der Pfanne verteilen. Palatschinken wenden und fertig backen. Auf diese Weise dünne Palatschinken backen. Die fertigen Palatschinken im Vorgeheizten Backofen warm halten.

Den Backofen auf 180 Grad einschalten und eine Auflaufform mit Butter ausstreichen. Für die Füllung den Topfen mit Eigelben, Zitronenschale, Crème fraîche und Staubzucker gut verrühren.

Die Palatschinken mit der Topfenmasse bestreichen einrollen und nebeneinander in die Auflaufform legen. Die Milch anwärmen, neben die Palatschinken in die heiße Form gießen.

Die Topfenpalatschinken etwa 20 Minuten im heißen Ofen überbacken.

Die Palatschinken mit Staubzucker bestreuen und servieren

Beilage: Vanillesauce

ZWETSCHKENKNÖDEL

800 g mehlig kochende Erdäpfel

etwa 275 g griffiges Mehl

1 EL weiche Butter

1 Ei

Salz

12 reife Zwetschken

12 Stück Würfelzucker

Für die Butter- Brösel:

250 g Butter

250 g Semmelbrösel

Staubzucker

Zubereitung:

Die Erdäpfel mit Schale kochen. Noch heiß schälen,
durch die Erdäpfelpresse drücken und erkalten lassen.
Mehl, weiche Butter, Ei und 1 Prise Salz dazugeben und
zu einem glatten Teig kneten. Wenn der Teig noch klebt
etwas mehr Mehl hinzu geben.
Den Teig eine Stunde rasten lassen. Die Zwetschken
waschen, entsteinen.
In jede Zwetschke 1 Stück Würfelzucker stecken.
Reichlich Wasser mit etwas Salz zum Kochen ....

.... aufstellen.

Den Erdäpfelteig auf der bemehlten Arbeitsfläche
1 cm dick ausrollen und in 12 gleich große Quadrate
schneiden.

Jede Zwetschke mit einem Stück Erdäpfelteig umhüllen
und zu einem Knödel formen.

Die Zwetschkenknödel in das kochende Wasser legen und
die Hitze reduzieren, bis das Wasser nur noch knapp
siedet. Die Knödel etwa 10 Minuten ziehen lassen.

Die Butter in einer Pfanne erhitzen und die
Semmelbrösel zugeben. Unter ständigem Rühren die Brösel
hellbraun rösten.

Die Knödel mit einem Schaumlöffel aus dem Wasser
nehmen,
kurz abtropfen lassen und in den Butterbröseln wälzen.

Die Zwetschkenknödel mit Staubzucker bestreuen.

WALDVIERTLER MOHNNUDELN

1/2 kg gekochte Erdäpfeln

50 g Butter

1 Ei

50 g Grieß

Salz

1 Esslöffel Staubzucker

etwas Mehl

Wasser

100 g Mohn (Waldviertler Graumohn)

100 g Butter

Staubzucker

Zubereitung:

Die Erdäpfel durch Erdäpfelpresse drücken, salzen, zuckern, und mit dem Ei abmischen. Butter leicht erwärmen und Grieß dazu geben. Sollte die Masse etwas zu weich sein, dann etwas Mehl einfügen. Aus der Masse eine Rolle formen und mit einem Messer kleine Stücke abschneiden.

Diese Stücke dann in der Hand zu länglichen Nudel wuzeln = formen.

In kochendem Salzwasser einlege und 10 min ziehen lassen. ....

.... Abseihen und die Nudeln in Butter mit dem Mohn schwenken.

Beim Anrichten mit Staubzucker bestreuen.

Beilage: Zwetschkenröster, Fruchtmus

KÜRBISKERN - PARFAIT

1/2 l Schlagobers

150 g Kristallzucker

1 Ei

5 Eidotter

1 Teelöffel Vanillezucker

2 cl Kürbiskernöl

2 cl Amarettolikör

60 dg gehackte Kürbiskerne

Zubereitung:

Den Zucker mit Ei und Eidotter über Wasserbad schaumig
schlagen, dann die Masse kalt weiter schlagen.
Amaretto, Vanillezucker und Kernöl untermischen und das
geschlagene Obers mit den gehackten Kürbiskernen
unterheben.
In Formen füllen und in Tiefkühlfach frieren lassen.
Beim Anrichten des Parfaits mit einigen Tropfen Kernöl
beträufeln.

Beilage: frische marinierte Beeren, Fruchtmus

BEILAGEN

ERDÄPFELPÜREE

500 g mehlige Erdäpfeln
Salz
Geriebene Muskatnuss
ca. 1/4 l Milch
ca. 125 g Butter

Zubereitung:

Die Erdäpfel in leicht gesalzenem Wasser kochen bis sie zerfallen, den
Rest vom Wasser abseihen. Erdäpfeln stampfen und die Butter, die Milch dazu geben. Abschmecken mit Salz und geriebene Muskatnuss.
Eventuell mit etwas Obers verfeinern.

ERBSENPÜREE

800 frische grüne Erbsen

50 g Butter

Salz

Prise Zucker

Etwas Obers oder Gemüsefond

Zubereitung:

Erbsen kochen, passieren und die Butter hinzugeben.
Mit Salz und einer
Prise Zucker abschmecken und mit etwas Obers
vollenden.

SELLERIEPÜREE

250 g Sellerie

200 g Kartoffeln

60 g Butter

ca. 1/4 l Milch

geriebene Muskatnuss

Salz

Pfeffer

Zubereitung:

Sellerie und Erdäpfeln schälen, grob würfeln und in
wenig Salzwasser Weichkochen.
Erdäpfeln und Sellerie abseihen und stampfen. Die
Butter, Milch und
Muskat zugeben und unterrühren. Mit Salz und Pfeffer
abschmecken und warm stellen.

KRÄUTERREIS

1 Tasse Langkornreis oder Vollkornreis

2 Tassen Wasser

2 Teelöffel Olivenöl oder Butter

1 Zweig Thymian

1-2 Teelöffel Salz

1 Handvoll Basilikumblätter

Zubereitung:

Butter oder Öl im Topf erhitzen und den Reis darin anschwitzen, mit Wasser aufgießen und leicht kochen lassen. Salzen. Zugedeckt ziehen lassen.
Kräuter fein hacken und unter den fertigen Reis mischen.

WIENER ERDÄPFELSALAT

800 bis 1000 g speckig kochende Erdäpfel

1/2 l kräftige Gemüsefond oder Rindsuppe

2 Esslöffel Sonnenblumenöl

4 bis 5 EL Weißweinessig

2 Teelöffel scharfer Senf

1 Zwiebel

Salz

Pfeffer

NACH BELIEBEN:

gehobelte Salatgurke

Endivien- oder Löwenzahnsalat

Petersilie und Schnittlauch

Zubereitung

Möglichst gleich große, speckig kochende Erdäpfel mit
Schale in Wasser im Topf kochen. 1/2 l kräftige
Rindsuppe erhitzen.

Die Erdäpfel möglichst heiß schälen, in dünne Scheiben
schneiden. ....

.... Die heiße Suppe mit Weißweinessig, scharfem Senf, Salz,

Pfeffer und Sonnenblumenöl verrühren und über die heißen Erdäpfelscheiben gießen.

Eine Zwiebel fein hacken und unterrühren.

Den Salat mindestens 30 Minuten durchziehen lassen.

Nach Belieben vor dem Servieren noch eine Salatgurke, fein geschnittenen Endivien- oder Löwenzahnsalat oder Petersilie unterziehen.

KLASSISCHER SEMMELKREN

3 abgerindete Semmeln

1/2 l Rindsuppe (nach Bedarf mehr oder weniger)

2-3 Esslöffel frisch geriebener Kren

1/8 l Schlagobers

20 g Butter

Salz

Pfeffer

Zubereitung:

Die abgerindeten Semmeln klein schneiden in die
Rindsuppe geben. Die gut eingeweichten Semmeln unter
ständigem Schlagen mit einem Schneebesen aufkochen
lassen. Danach den Kren, das Obers und
zuletzt die Butter einrühren.
Mit Salz würzen.

Beilage zu: Gekochtem Rindfleisch

SPECK-SAUERKRAUT

Sauerkraut:

750 g Sauerkraut

60 g Speckwürfel

2 rohe Erdäpfel

Salz

Prise Zucker

2 Lorbeerblätter

4 Pfefferkörner

2 Wacholderbeeren

etwas Kümmel (ganz)

Zubereitung:

Die geschnittene Zwiebel und Speckwürfel in Schmalz anrösten. Das Sauerkraut mit den Gewürzen dazu geben und mit wenig Wasser weich dünsten.
Zur Bindung vor Ende der Garzeit, die rohen Erdäpfel dazu reißen. Eventuell kann man auch mit etwas angerührten Wasser – Mehl- Mischung binden.

ERDÄPFELKNÖDEL

500 g Gekochte Erdäpfeln

50 g Butter

Salz

1 Ei

50 g Grieß

Mehl nach Bedarf

Zubereitung:

Die gekochten geschälten Erdäpfel durch die
Erdäpfelpresse
drücken, salzen und mit dem Ei vermischen. Mehl, Grieß
und die Butter einarbeiten. Den Teig ca. 10 min rasten.
Aus der Masse etwas größere Knödel formen und in
kochendes Salzwasser einkochen. 15 min. ziehen lassen.

SERVIETTENKNÖDEL

6 Semmeln

70 g Butter

2-3 Eier

Salz

1/4 l Milch

1 kleine Zwiebel

Petersilie

Zubereitung:

Die Semmeln würfelig schneiden. Die Eier, Salz und Milch Versprudeln und über die Semmeln gießen. Die Zwiebel und die Petersilie fein hacken und mit der Butter anschwitzen.
Das ganze mischen und zu einer Rolle formen.
Die Rolle in einer nassen Serviette einbinden und ca. 3o min. kochen lassen.
Überkühlen und in Scheiben schneiden.

SEMMELKNÖDEL

6 Semmeln
6 g Butter
6 g Mehl
3 Eier
1/4 l Milch
Petersilie gehackt
1 Zwiebel
Salz

Zubereitung:

Die Semmeln kleinwürfelig schneiden, die Zwiebel fein
hacken.
Die Zwiebel mit der gehackten Petersilie in Butter
Anschwitzen lassen und über die Semmel leeren. Milch
mit den Eiern versprudeln
und ebenso über die Semmeln gießen. Salzen und mit dem
Mehl alles gut mischen. Mittelgroße Knödel formen und
in kochendes Salzwasser einlegen. Ca.15 min. kochen
lassen. Abtropfen und anrichten.